A primeira impressão é a que fica

ANN DEMARAIS e VALERIE WHITE

A primeira impressão é a que fica

Descubra como os outros vêem você e aprenda os sete princípios fundamentais para criar uma imagem positiva

SEXTANTE

Título original: *First Impressions*

Publicado em acordo com a Bantam Books, um selo da Bantam Dell Publishing Group, uma divisão da Random House, Inc.

tradução: Claudio Figueiredo

preparo de originais: Regina da Veiga Pereira

revisão: José Tedin Pinto / Sérgio Bellinello Soares

projeto gráfico e diagramação: Valéria Teixeira

capa: Miriam Lerner

fotolitos: RR Donnelley

impressão e acabamento: Cromosete Gráfica e Editora Ltda.

CIP-BRASIL. CATALOGAÇÃO-NA-FONTE
SINDICATO NACIONAL DOS EDITORES DE LIVROS, RJ

D444p Demarais, Ann, 1963-
A primeira impressão é a que fica / Ann Demarais e Valerie White; [tradução de Claudio Figueiredo]. – Rio de Janeiro: Sextante, 2005.

Tradução de: First impressions
ISBN 85-7542-160-3

1. Autoprojeção. 2. Formação de impressões (Psicologia). I. White, Valerie, 1963-. II. Título.

05-0428. CDD 158.2
CDU 159.9:316.47

Editora Sextante (GMT Editores Ltda.)
Rua Voluntários da Pátria, 45 – Gr. 1.404 – Botafogo
22270-000 – Rio de Janeiro – RJ
Tel.: (21) 2286-9944 – Fax: (21) 2286-9244
E-mail: atendimento@esextante.com.br
www.sextante.com.br

Em memória de Tim O'Brian

Sumário

Introdução

Imagine que você está num bar com seu melhor amigo, que tem mais ou menos a sua idade, aparência igualmente agradável e é tão inteligente quanto você. Ambos começam a conversar com o barman. Todos riem, a conversa prossegue, divertida. Mas de repente você percebe que o barman está dando muito mais atenção ao seu amigo do que a você. Você fica desconcertado e um pouco confuso.

Em uma festa da empresa onde seu marido trabalha, você é apresentada a muitas pessoas novas e, de um modo geral, acha a festa ótima. Mas na volta para casa tem a desconfortável sensação de ter feito papel de boba. Pergunta a seu marido se falou demais, se contou anedotas demais ou foi inconveniente com a mulher do chefe dele. Insiste que ele responda com franqueza, e seu marido garante que, ao contrário, você se portou de modo encantador e com muita desenvoltura. Mas você não tem tanta certeza assim.

Você está a bordo de um avião. A mulher sentada a seu lado é interessante e envolvente. Vocês falam sobre as viagens de negócios das quais estão voltando, seus relacionamentos anteriores e seus restaurantes favoritos. Ambos confessam ser solteiros e detestar o panorama atual de encontros. Na seção de bagagens, vocês trocam números de telefones. No entanto, quando você liga para sua companheira de viagem uns dias depois, ela não retorna a ligação.

Encontros desses acontecem o tempo todo. Encontramos pessoas de quem gostamos, com quem gostaríamos de trabalhar ou de quem gostaríamos de ser amigos que aparentemente não correspondem ao nosso interesse. Saímos de festas preocupados com o que as pessoas pensaram de nós, sem saber ao certo a impressão que deixamos.

Embora esses encontros e os sentimentos que suscitamos nos outros pareçam fugazes, muitas vezes eles exercem um impacto duradouro em nossas vidas. Uma impressão é importante porque deixa uma "lembrança mantida", uma sensação que perdura a respeito de alguém ou de alguma coisa. A impressão inicial é nossa primeira e às vezes única oportunidade de fornecer aos outros uma noção sobre quem somos – noção esta que muito provavelmente será duradoura. É por isso que a primeira impressão é tão crucial no que se refere à maneira como os outros nos vêem e se desejam ou não nos conhecer melhor.

Elas são um assunto particularmente oportuno no mundo de hoje. Vivemos em um tempo em que as pessoas mudam de casa e de cidade, de emprego, fazem novos amigos e estabelecem novos relacionamentos rapidamente. Os primeiros encontros ocorrem com tanta freqüência que mal nos damos conta. É possível interagir com uma pessoa nova a cada dia – um pai ou mãe no colégio de nossos filhos, um novo colega de trabalho ou cliente, um vendedor de loja, alguém na ginástica ou na fila do restaurante.

Nesses encontros, podemos falar sobre o tempo ou sobre o que está acontecendo naquele momento de nossas vidas e desenvolver uma compreensão inicial da maneira de ser dos outros. Do mesmo modo, baseados nessa muito breve relação, esses estranhos vão formar uma opinião a nosso respeito e provavelmente decidir se gostam ou não de nós. A maneira como nos virem – se nos acham sinceros, interessantes ou divertidos – vai determinar se vão querer falar conosco de novo, nos contratar, estabelecer relações sociais ou marcar um encontro amoroso.

Você não gostaria de saber o que as pessoas pensam a seu respeito?

Este livro vai ajudá-lo a responder às perguntas "Como os

outros me vêem?", "O que percebem além da minha presença física?" e "Como posso causar uma impressão melhor?". Ofereceremos aqui as informações de que você precisa para responder a essas perguntas dando destaque à relação entre o que você faz e diz e o modo como provavelmente os outros o vêem. Apesar de ser uma questão importante para se obter sucesso na vida, nada disso é ensinado nas escolas, e raramente alguém nos dá essas informações de forma honesta e objetiva.

NOSSA EXPERIÊNCIA

Nossos conhecimentos sobre o impacto causado pelas primeiras impressões provêm de muitos anos de experiência avaliando e treinando líderes e gerentes das 100 maiores companhias do mundo segundo a lista da revista *Fortune*. Interagimos com profissionais fazendo-os desempenhar determinados papéis ou agindo em situações de negócios "simuladas", tais como um contato com novo cliente, e observamos o modo como se apresentam e conduzem a conversa. Então, damos a nossa avaliação sobre a eficácia de sua forma de comunicação, sobre sua sensibilidade com relação aos interlocutores e sobre a clareza de suas idéias, entre outras coisas. No decorrer dos anos, observamos que executivos inteligentes e competentes muitas vezes não têm noção do efeito que causam em outras pessoas. Compreender as nuances de seu estilo de comunicação foi algo de um valor inestimável para esses profissionais de negócios, aumentando sua eficiência no ambiente de trabalho e em seu relacionamento com os outros de modo geral.

Depois de alguma experiência nessa atividade, tornou-se claro para nós que *todos* poderiam se beneficiar com a nossa experiência. Verificamos que as pessoas comuns que quisessem saber que tipo de primeira impressão causavam não tinham um meio para isso. Assim, decidimos preencher a lacuna e fundamos uma empresa especial, a First Impressions, Inc., na cidade de Nova York.

Na First Impressions, Inc., usamos a mesma metodologia. Vamos a um café com um cliente para um "encontro simulado" ou a uma reunião social e, enquanto interagimos, observamos seu estilo e sua maneira de se apresentar. Depois do "encontro", fazemos com o cliente uma avaliação. Perguntamos qual a impressão que ele pretendia causar e como achou que se saíra no encontro. Comparamos a opinião dele com a nossa e lhe fornecemos dados específicos que possam ajudá-lo a causar a impressão desejada.

Esse método é extremamente eficaz, tanto no mundo dos negócios quanto no mundo social, para ajudar as pessoas a aprenderem sobre si mesmas, e nossos clientes adoram receber esse tipo de informação. A maioria declara que aprendeu coisas sobre eles mesmos que ninguém jamais lhes dissera antes. Também descobriram que, ao mudar o que *eles* consideravam comportamentos pequenos ou insignificantes, passaram a obter reações muito mais positivas dos outros.

Neste livro, vamos mostrar a você o mesmo que mostramos a nossos clientes. Vamos separar uma primeira impressão em seus sete elementos fundamentais e ajudá-lo a ver como você se sai em cada um deles. Vamos explicar como o seu comportamento fará os outros se sentirem tanto a respeito deles próprios quanto a seu respeito, bem como destacar os elementos necessários para causar uma primeira impressão *positiva*, de modo que você possa comparar o que é ideal com o que realmente faz e com a maneira como acha que é visto pelos outros.

NOSSOS CLIENTES

Nossos argumentos serão ilustrados com exemplos de clientes, baseados nas experiências que tivemos trabalhando com os mais variados tipos – velhos e moços, mulheres e homens, desenvoltos e tímidos, hétero e homossexuais. Ofereceremos três espécies de exemplos:

1. *Clientes de negócios.* Alguns desses exemplos são provenientes

de encontros simulados e de sessões de avaliação. Outros vêm da nossa experiência ao encontrar os clientes pela primeira vez e depois falar com eles sobre a impressão que nos causaram. E vários exemplos são tirados de situações de negócios que nossos clientes nos relataram.

2. *Clientes da First Impressions, Inc.* Quando vão a um encontro simulado com um cliente, os consultores adotam o nome de "Susan" ou "Nick". Susan ou Nick, na realidade, são psicólogos, mas não se apresentam como tal, usando profissões fictícias para seus "personagens" quando conversam com os clientes. Ao longo do livro, todas as vezes que você encontrar Susan ou Nick, isto vai indicar que se trata de um consultor da First Impressions, Inc. em um encontro simulado.

3. *Encontros do cotidiano.* Estes são exemplos tirados de situações sociais comuns – em festas, aeroportos, etc. – que clientes, amigos e colegas de trabalho nos relataram, que vivenciamos ou observamos pessoalmente.

Os nomes e as informações que pudessem identificar as pessoas que aparecem nos exemplos foram trocados.

Utilizamos negócios, encontros pessoais e situações sociais para mostrar que seu estilo de se apresentar é mais importante do que as situações em si. Mas, em geral, seja qual for a situação, as pessoas formam uma primeira impressão de você mais por seu estilo – ou seja, pela maneira como você demonstra seu interesse por elas, como passa de um assunto a outro e o quanto revela de si mesmo – do que pelo conteúdo do que você diz.

NOSSA ABORDAGEM

Não queremos aqui oferecer nenhuma receita sobre a maneira como as pessoas "devem" se apresentar. Não há uma primeira impressão "certa" ou uma forma "certa" de alguém se comunicar.

Uma boa primeira impressão é a que reflete o verdadeiro eu da pessoa. *Se você está apresentando o melhor de si mesmo, o lado que realmente deseja partilhar com outra pessoa, então está causando a impressão que é a "certa" para você.*

Nosso objetivo é dar-lhe informações e não mudar quem você é. Você pode acabar concluindo que é visto de modo pouco atraente e ficar satisfeito com isso. Por exemplo, pode descobrir que os outros o acham cínico ou negativo, mas não querer mudar porque gosta de um toque de cinismo e aprecia os que têm o mesmo estilo. O que pretendemos é ajudá-lo a identificar as lacunas entre a maneira como acha que é visto e a maneira como os outros realmente o vêem, para que possa fazer mudanças *se quiser* e *quando quiser*. Evidentemente, admitimos que você não tem intenção de impressionar todas as pessoas com quem cruza. Mas, com um pouco de conhecimento, pode causar impressões positivas sem maior esforço, quase automaticamente.

Reconhecemos que poucas pessoas se esforçam para agradar a todos – com exceção dos políticos, diga-se de passagem. Existem diferenças entre o que cada pessoa gosta ou procura na outra. Mas existem pontos "universais" – características de estilo que são geralmente consideradas mais atraentes do que outras. Por exemplo, a maioria das pessoas gosta dos bons ouvintes e daqueles que são divertidos e interessantes. Concentrar-se nesses pontos vai ajudar você a entender quais são os aspectos de seu estilo que todos consideram atraentes e quais as suas atitudes que não são aceitas universalmente – para que você tenha consciência das mensagens que envia e possa prever reações favoráveis ou desfavoráveis da parte dos outros.

Esses pontos universais são apenas isto: comportamentos ou atitudes considerados adequados e atraentes por todos, não importa qual seja a idade, aparência física, situação socioeconômica, orientação sexual ou raça. A maior parte desses pontos universais independem do sexo da pessoa. Por exemplo, sorrir, demonstrar interesse e esperar sua vez de falar são comportamentos atraentes e comuns tanto para os homens quanto para as mulheres. Quando houver diferenças entre os sexos, nós avisaremos.

Onde os comportamentos de primeiras impressões variam de fato é de uma cultura para outra. Existem muitas diferenças culturais naquilo que é considerado normal e cativante em primeiros encontros. O que é agradável no Japão é muito diferente do que é agradável no Brasil.

Nosso objetivo é tratar as relações entre duas pessoas em várias situações. Trataremos da primeira conversa que você mantém com alguém – e não apenas dos primeiros segundos do encontro. Vamos nos concentrar mais na primeira impressão psicológica que você causa – ou seja, no tipo de pessoa que você demonstra ser – do que naquilo que você transmite com sua aparência física. É claro que a aparência conta na maneira como os outros o percebem, mas a forma como você reage aos outros e o modo como se apresenta são ainda mais importantes e vão diminuir ou aumentar o impacto da sua apresentação física.

OS BENEFÍCIOS PARA VOCÊ

Você talvez esteja pensando: "Tudo bem, eu poderia fazer algumas mudanças no modo como me apresento para causar realmente uma ótima primeira impressão, mas para quê? Sem dúvida, encontro pessoas novas, mas sou o que sou. Não quero mudar. Meus amigos e colegas de trabalho gostam de mim desse jeito."

A melhor razão para compreender a importância de cuidar da primeira impressão é que esta pode não refletir exatamente quem você é de verdade. Você pode ser mal compreendido de certas maneiras que não é capaz de perceber. Por exemplo, se é tímido, pode ser visto como uma pessoa distante; se é muito falante, podem achá-lo egocêntrico. Encontrar pessoas desconhecidas às vezes provoca até nos mais confiantes um sentimento de ansiedade que nasce da incerteza de ser aceito ou de agradar. Os estranhos não passaram tempo suficiente com você para conhecê-lo e gostar de você por causa de todas as suas qualidades positivas, e portanto vão formar uma opinião baseada em informações limitadas, tais como a sua linguagem corporal e seu estilo de conversa.

Quando você sabe que está causando a impressão que deseja, fica tranqüilo porque está apresentando aos outros uma imagem verdadeira de si mesmo. Se for aceito ou rejeitado, será por causa de suas verdadeiras qualidades, não porque o outro está fazendo uma falsa idéia a seu respeito. Você se torna mais capaz de fazer os relacionamentos se iniciarem e de controlar a forma de eles se desenvolverem. Se conseguir fazer isso, as pessoas reagirão de modo mais positivo e você obterá mais prazer nos encontros. Vai se tornar mais confiante em novas situações, podendo até transformar um encontro inicial neutro ou negativo em um relacionamento mais satisfatório para ambos os lados e passar a ter mais compaixão e aceitar melhor alguém que costuma causar primeiras impressões desfavoráveis.

O QUE TALVEZ VOCÊ NÃO SAIBA

Você nem sempre se vê como os outros o vêem. Algumas pessoas julgam-se menos interessantes e atraentes do que os outros acham. Outras apresentam apenas o lado favorável de suas personalidades. É fácil fechar os olhos às próprias deficiências. De acordo com a nossa experiência, a maioria mostra uma imagem conveniente e positiva de si, mas há alguns "pontos cegos" que enviam mensagens involuntárias e deixam os outros desconcertados.

Antes de continuar a leitura, faça uma breve auto-avaliação. Leia até o fim esta lista de comportamentos e reflita se cada um deles é algo que você faz normalmente, às vezes ou raramente. Assinale no quadro o que corresponde ao que você pensa.

COMPORTAMENTOS DE PRIMEIRAS IMPRESSÕES			
Quando encontro alguém desconhecido, eu...	Normalmente	Às vezes	Raramente
Sorrio e me volto para a pessoa que está falando			
Falo com a mesma velocidade da outra pessoa com quem estou conversando			
Sinto meu corpo descontraído			
Revelo meus pontos sensíveis e vulnerabilidades			
Dou informações a meu respeito que gostaria que os outros soubessem			
Inicio uma conversa com o que está em minha cabeça naquele momento			
Concentro-me em demonstrar meus traços característicos			
Tento comunicar meus sucessos sociais ou financeiros			

Você costuma pensar a respeito das mensagens que esses comportamentos passam para os outros? Em geral, os quatro primeiros transmitem mensagens positivas, e os quatro últimos, negativas. Na Parte I – A psicologia das primeiras impressões –, vamos explicar com maior profundidade esses comportamentos e mostrar como eles fazem os outros se sentirem.

Tabelas como essa acima aparecem no fim de cada um dos capítulos na Parte II. Elas são uma boa oportunidade para você avaliar seu próprio comportamento. Quanto mais usar as tabelas, assinalando os itens e tomando notas, melhor irá compreender os padrões de seu estilo de causar primeiras impressões.

COMO ESTE LIVRO ESTÁ ESTRUTURADO

A Parte I é sobre a psicologia das primeiras impressões – como são formadas, o que as pessoas procuram e por que as primeiras impressões são tão importantes. A Parte II trata dos sete princípios básicos de uma primeira impressão. E a Parte III mostra como você deve sintetizar o que aprendeu e realizar mudanças de fato em seu estilo de transmitir primeiras impressões.

FORMAS DE LER ESTE LIVRO

Existem duas maneiras de ler este livro. Ambas são boas. Se você é como nós e acha que psicologia é um assunto fascinante, provavelmente vai querer ler na ordem apresentada, começando com a seção sobre psicologia e depois passando para a parte sobre os pontos específicos dos princípios fundamentais. Se você tende mais para o prático ou está especialmente ansioso para aprender sobre si mesmo, pode pular a seção sobre psicologia e seguir direto para a essência do livro – Parte II: Os sete princípios básicos de uma primeira impressão. E pode voltar e ler sobre psicologia mais tarde.

DICAS SOBRE COMO TIRAR O MÁXIMO PROVEITO DESTE LIVRO

1. *Abra sua mente para se ver de uma forma objetiva e sem julgamentos.* Concentre-se na sua pessoa, não em avaliar ou mudar os outros. É sempre muito mais fácil ver "erros de primeiras impressões" nos outros do que em nós mesmos. Todos conhecemos "uma outra pessoa" que fala demais ou se perde em detalhes excessivos quando conversa. À medida que você for lendo os exemplos, vai certamente associar logo um desses defeitos a alguém que conhece. Porém, como outras pessoas também estão lendo este livro, um exemplo pode fazê-las lembrar algo sobre você, alguma coisa

que você talvez continue a deixar passar se não refletir e considerar seu próprio caso. Se procurar se acostumar à idéia de que, como todo mundo, você pode às vezes ser "aquela pessoa chata", vai aprender muito mais.

2. *Auto-avalie-se conforme for avançando na leitura.* Vamos oferecer muitas informações, portanto procure pensar sobre cada seção do livro e faça uma auto-avaliação antes de passar para o capítulo seguinte. Vai ser muito útil. Use as tabelas para assinalar se você tem determinado comportamento normalmente, às vezes ou raramente. Algumas pessoas não gostam de escrever em livros. Se você é uma delas, pode tirar uma cópia das tabelas. É importante observar as coisas que você faz bem, ter confiança nesses pontos fortes e também prestar atenção nos comportamentos que podem transmitir mensagens erradas. Em seguida, vamos rever suas auto-avaliações na Parte III – Aperfeiçoando seu estilo para causar boa impressão – e voltar às tabelas para destacar uma ou duas coisas que você queira melhorar.

3. *Aplique de imediato o que aprendeu!* Experimente aplicar o que aprendeu na primeira oportunidade que surgir. Você vai provavelmente descobrir que até mesmo mudanças sutis resultam em reações muito diferentes das anteriores por parte dos outros. Nossa esperança é que, quando estiver terminando a leitura deste livro, você já perceba mudanças na maneira como os outros reagem a você em situações do dia-a-dia. Também esperamos que você se sinta mais confiante e à vontade em sua capacidade de causar a impressão que desejar, seja em encontros sem maior importância ou em reuniões significativas. Ao longo do processo, você aprenderá a julgar melhor os outros e com mais sensibilidade.

4. *Leia este livro com uma pessoa amiga.* Você pode ler um capítulo e passá-lo para um amigo em quem confie muito. Então, a cada capítulo lido, peça a ele para indicar algumas coisas que você

faz realmente bem e outras em que poderia melhorar. É claro que você tem de ter sensibilidade quando trocar impressões – veja mais dicas no Capítulo 11. Partilhar com uma pessoa amiga essa experiência à medida que ler o livro vai ajudá-lo a enxergar as lacunas entre a sua autopercepção e a maneira como os outros o vêem.

Parte I

A psicologia das primeiras impressões

O que realmente se passa na cabeça das pessoas quando encontram alguém que não conhecem? O que lhes chama a atenção? Em que pensam? Se você souber as respostas, terá uma noção mais precisa da impressão que causa nos outros.

Embora não possamos torná-lo capaz de ler a mente das pessoas, podemos fazer você compreender melhor algumas das maneiras mais comuns como as pessoas processam informações sobre os outros. Assim você perceberá com mais clareza como as pessoas formam uma impressão a seu respeito.

A psicologia das primeiras impressões é simples, mas nem sempre óbvia. Destina-se aos que se interessam por psicologia. Se quiser pular a teoria, vá direto para a Parte II, na qual mostraremos os aspectos práticos e específicos das primeiras impressões.

CAPÍTULO I

Como se formam as primeiras impressões

Você está na sala de espera do consultório de seu dentista. Uma mulher entra e se senta a seu lado. Ela sorri e puxa conversa. Fala sobre a matéria de capa de uma revista conhecida, pergunta a seu respeito e conta uma história sobre algo que lhe aconteceu naquela manhã. Você percebe que gosta da companhia dessa mulher; é divertida e é fácil conversar com ela. Imagina que poderiam ser amigas. Dez minutos depois, a enfermeira chama o seu nome e vocês duas se despedem.

Você já viveu uma situação semelhante, na qual encontrou alguém muito rapidamente e teve a sensação de que sabia como era aquela pessoa? Apenas pelo jeito de falar e pela maneira como reagiu à sua presença, você pressentiu como ela deveria ser. Talvez tenha imaginado que já conhecia o seu estilo de vida e seus valores, que seria capaz de adivinhar como ela agiria em outras situações e teve praticamente certeza de que apreciaria a companhia dela no futuro. De um breve momento de relação, você criou uma rica compreensão sobre alguém que acabara de conhecer.

Como isso aconteceu? Como você criou uma imagem tão ampla e rica a partir de uma quantidade tão pequena de informações? Conhecer a psicologia das primeiras impressões – como funcionam e como usá-las – poderá fornecer-lhe um guia para decidir como você deseja se apresentar aos outros.

Em uma primeira impressão, os outros vêem apenas uma pequena amostra de você, uma ínfima porcentagem da sua vida. Para eles, porém, essa porcentagem representa nesse momento 100% do que sabem sobre você. Você teve uma vida inteira de experiências – conhece toda a gama de suas emoções, de seus comportamentos, paixões e medos –, mas os estranhos não sabem absolutamente nada a seu respeito. Essa minúscula porcentagem de você é tudo o que eles têm, e ainda assim irão presumir inconscientemente que aquela amostra é uma representação exata do seu todo.

Pense na mulher do consultório do dentista. Era animada, observadora e tinha uma conversa agradável. Naquele momento. Entretanto, por ser a única experiência que teve com ela, você vai supor que ela é assim o tempo todo. Por que pensaria de outro modo?

As pesquisas psicológicas revelaram que as pessoas dão um peso muito maior às informações iniciais do que às posteriores, quando avaliam as pessoas. Por um motivo simples: as primeiras informações que recebemos sobre qualquer coisa – lugares, pessoas, idéias – influenciam a forma como processamos as informações que vêm depois. Em outras palavras, as pessoas tendem a acreditar que as primeiras coisas que aprendem são *a* verdade.

Por exemplo, se você demonstra um caloroso interesse por alguém em um primeiro encontro, como a mulher da sala de espera fez, esse alguém poderá formar a seu respeito a imagem de uma pessoa envolvente e receptiva, e não notar em uma outra ocasião se você é distraída ou voltada demais para si mesma. As informações iniciais negativas têm um peso ainda maior. Se de início você parece distraída e voltada para si mesma, durante muito tempo os outros vão ignorar suas manifestações posteriores de calor humano e interesse. Vão ser necessários *muitos* comportamentos positivos para superar o impacto de *um* comportamento inicial negativo.

O FILTRO

A primeira impressão é como um filtro. Veja como os outros formam uma imagem a seu respeito:

1. As pessoas recebem informações iniciais – observam a linguagem do seu corpo, o que você diz e como reage.

2. Baseadas nessas informações, formam uma impressão e definem quem você é e como esperam que você se comporte no futuro.

3. Então, enxergam você através desse filtro. Todos gostam de achar que sabem avaliar o caráter dos outros e pensam: "Desde a primeira vez que o vi, tive certeza de que ele era..." Buscam informações coerentes com sua primeira impressão e sequer procuram, e às vezes até ignoram, traços de comportamento revelados depois que não se encaixam na opinião que fizeram de você no primeiro momento.

FILTRANDO ERROS

Personalidade ou situação?

Vamos ver alguns erros comuns que ocorrem durante o processo. Por exemplo, as pessoas costumam achar que um determinado comportamento de alguém que acabam de conhecer revela o caráter ou a personalidade daquele indivíduo em todas as situações, quando isto pode não ser verdade. Se você encontra alguém que naquele momento parece zangado, pode pensar que a pessoa age sempre desse modo. Talvez não pare para refletir se algo acabou de acontecer fazendo a pessoa reagir daquela maneira. Quem sabe, ela há pouco levou uma fechada no trânsito ou recebeu más notícias? Este é um erro básico que todos cometemos: ver o comportamento momentâneo dos outros como uma indicação de sua personalidade ou de seu caráter em todas as situações, e não como o possível resultado de uma situação temporária. No entanto, quando estamos zangados, geralmente atribuímos isso à situação e não a um traço de nossa personalidade.

Auréola ou chifres

Outro erro que se comete é supor que a pessoa que revela um traço positivo tem uma coleção de outros traços positivos, o que também nem sempre é verdade. Por exemplo, pode-se presumir que alguém que pareça otimista e alegre seja também esperto, agradável e bem-sucedido, embora nunca se tenha tido nenhuma prova da existência destas qualidades naquela pessoa. É o que se chama de "efeito da auréola". Um outro exemplo é achar que alguém que reclama muito também é uma pessoa aborrecida, pouco sociável e fraca. Em vez de auréola, chifres.

Se você entende esses erros comuns de percepção, é possível que compreenda melhor como os outros formam uma impressão sobre você em um primeiro encontro e se esforce para apresentar uma imagem mais verdadeira de si mesmo. Consciente de que os outros possam supor que aquela pequena porcentagem de você observada por eles pela primeira vez reflete 100% de sua personalidade, você passa a ser mais cuidadoso com o seu comportamento e as informações que lhes vai transmitir. Assim, você vai querer mostrar em primeiro lugar as suas melhores qualidades. Sabendo que as pessoas tendem a acreditar que você possui uma coleção de traços positivos ou negativos baseando-se em um único comportamento, você vai fazer questão de escolher *qual* será essa coleção de traços. Em outras palavras, se sabe de antemão como será percebido e categorizado, você se torna capaz de controlar melhor a impressão que vai causar e de assegurar-se de que esta representará a sua verdadeira personalidade.

CAPÍTULO 2

Como você faz os outros se sentirem

Você com certeza deve se lembrar de alguma ocasião em que interagiu com alguém que o fez sentir-se muito satisfeito consigo mesmo, respeitado, valorizado e compreendido. Agora, tente se lembrar de alguma vez em que palavras ou atos de outra pessoa fizeram com que você se sentisse desconfortável – ofendido, nada atraente ou posto de lado.

Costuma pensar em como os outros se sentem depois que falam com você? Deveria. Pois o que você diz e faz provoca um impacto na forma como as pessoas se sentem a respeito de si próprias depois de interagirem com você em um primeiro encontro, e isso é especialmente importante porque vai influenciar a maneira como se sentem em relação a você, não só naquele momento, mas talvez permanentemente. É tudo muito simples e direto: se você faz as pessoas se sentirem compreendidas e felizes, elas projetam aquela boa sensação em você e têm sentimentos positivos a seu respeito. Entretanto, se você involuntariamente as ofende ou faz com que não se sintam bem, elas podem lhe atribuir traços negativos infundados. No mínimo, vão associar a você bons ou maus sentimentos.

Este capítulo mostra como essas emoções entram em jogo até mesmo em breves encontros e explica as diferentes maneiras como você pode focalizar suas emoções. O Capítulo 3 descreve mais especificamente o que significa fazer os outros se sentirem bem em um primeiro encontro – isto é, satisfazer as coisas essenciais que as pessoas buscam nas relações sociais: serem apreciadas, estabelecerem contato, melhorarem o ânimo e obterem esclarecimentos.

QUATRO MANEIRAS DE FOCALIZAR SUAS EMOÇÕES

David, um dos clientes da First Impressions, é um analista de Wall Street. Conversava com Susan – lembre-se, é o nome que usamos para denominar uma de nossas consultoras – em um café. No decorrer da conversa, David contou a ela sobre seu interesse pela história da cidade de Nova York e sobre as aulas que estava freqüentando a respeito do assunto. Comentou a respeito de um trabalho que estava escrevendo sobre a história política da cidade. Susan cumprimentou-o pela iniciativa e pelo projeto. Mostrou-se interessada em ler o trabalho. David expôs alguns pontos principais de seu ensaio. David gostou de Susan, cujo comportamento o fez ficar satisfeito consigo mesmo, respeitado por suas idéias e compreendido.

Por Susan ter manifestado interesse e respeito por ele, David naturalmente supôs que Susan gostava dele. No entanto, em nenhum momento ele pensou no que a própria Susan estava sentindo ou como ele a fazia sentir-se em relação a si mesma naquele momento. Quando ela tocou no assunto na sessão de *avaliação*, David admitiu que realmente aquilo não lhe ocorrera durante o encontro simulado. Entretanto, como ele se sentiu bem, supôs que ela sentira o mesmo. A consultora revelou-lhe que, em seu papel de "Susan", gostara de ser informada sobre as idéias de David, mas também achara que ele não tinha demonstrado qualquer interesse por ela, não perguntara coisa alguma sobre sua vida ou suas opiniões e não fizera qualquer esforço para se relacionar com ela.

O equívoco de David é bastante comum. Muitas vezes, achamos que, se estamos nos divertindo, a pessoa que nos acompanha também deve estar. Isso acontece porque, quando encontramos alguém pela primeira vez, geralmente nos concentramos naquilo que dizemos e no assunto sobre o qual conversamos. Mas a maneira como você chega aos outros tem menos a ver com o que você diz ou com o que sente e mais com o modo como você faz as pessoas se sentirem sobre si mesmas em sua presença. Todo primeiro encontro, até uma conversa casual com um estranho na rua ou em uma festa, pode exercer um impacto emocional em ambos os indivíduos.

Há uma forma simples de examinar as diferentes emoções envolvidas. Uma breve relação pode afetar:

1. Como você se sente.
2. O que você acha da outra pessoa.
3. O que a outra pessoa acha de você.
4. Como a outra pessoa se sente.

FOCO 1: COMO VOCÊ SE SENTE

Você fala com alguém em uma festa ou reunião e logo percebe como se sente – à vontade, energizado, chateado, nervoso, intimidado, e assim por diante. É normal, inevitável e, claro, interessante e importante para todos nós. Orienta a maneira como você interage com as pessoas, as situações que você busca e com quem decide se relacionar. No exemplo, David sentiu-se confiante, compreendido e comunicativo e desejava continuar a conversar com Susan.

FOCO 2: O QUE VOCÊ ACHA DA OUTRA PESSOA

A partir do momento em que se sente à vontade com uma pessoa nova em uma situação nova, você geralmente desloca o foco de si mesmo e volta sua atenção emocional para o que sente com relação à outra pessoa. Avalia os outros baseando-se na maneira como reagem à sua presença e naquilo que dizem e fazem. Toma decisões rápidas sobre a personalidade deles, sobre o quanto lhe agradam, e assim por diante. Como já dissemos no Capítulo 1, este é um fenômeno natural e muitas vezes inconsciente. David concluiu logo que gostava de Susan; achou que ela partilhava suas idéias e atitudes.

FOCO 3: O QUE A OUTRA PESSOA ACHA DE VOCÊ

Deixar uma boa impressão significa fazer alguém ter sentimentos positivos sobre você – portanto, o que a outra pessoa sente a seu respeito deve ser um importante objeto de atenção. E de fato costuma ser quando você está em situações nas quais conscientemente quer impressionar alguém, ou quando sabe que está sendo avaliado – como em um primeiro contato com um cliente ou em um primeiro encontro com um provável parceiro amoroso. Durante a relação, você observa se a outra pessoa sorri e lhe dá atenção, se ri de suas anedotas ou se parece envolvida. Mais tarde, reflete e tenta calcular que tipo de impressão causou. Não ocorreu a David o que Susan pensou a respeito dele e sim como ele próprio se sentiu. Sua consultora ajudou-o a constatar que o fato de ele se sentir bem não significava necessariamente que a outra pessoa sentisse o mesmo.

FOCO 4: COMO A OUTRA PESSOA SE SENTE

Talvez você não tenha noção do quanto a sua pessoa afeta a maneira como os outros se sentem e principalmente o que acham de si mesmos. É claro, você sabe que pode divertir ou aborrecer alguém, mas já parou para pensar como pode fazer aquela pessoa se sentir estúpida ou inteligente? Isto é importante, porque a maneira como a outra pessoa se sente depois de interagir com você vai influenciar a opinião que fará a seu respeito. O Foco 4 é o mais negligenciado dos quatro focos emocionais. Você costuma pensar no impacto emocional que exerce sobre as pessoas? Será que, quando termina a conversa, os outros se sentem realmente satisfeitos com eles mesmos?

Quando você está com pessoas que conhece bem, percebe logo como se sentem – e se esforça para fazer com que se sintam bem. Isso acontece, por exemplo, quando cumprimenta um amigo por seu talento culinário porque sabe que isso é importante para ele e porque deseja que ele se sinta orgulhoso. No entanto, em uma primeira conversa, é possível que você não procure pensar em como as pessoas se sentem. Talvez porque não as conheça e portanto seja mais difícil atender às necessidades emocionais delas. E, em meio ao certo desconforto de um primeiro encontro, você pode estar distraído por seus próprios sentimentos e necessidades. Temos observado que nossos clientes estão muito mais voltados para os Focos 1, 2 e 3 do que para o Foco 4.

E a atenção para o Foco 4 – como a outra pessoa se sente – é o segredo para dar uma primeira impressão positiva. Mas não é uma atitude óbvia. Para tomar consciência de como os outros se sentem, temos que prestar atenção deliberadamente. Quando conseguimos desviar o foco de nossos próprios sentimentos para fazer com que os outros se sintam bem, há maior probabilidade de causarmos uma boa impressão. Por exemplo, David deixou de pensar na maneira como Susan se sentia, e como resultado não causou a impressão que achou que estivesse causando nem obteve a reação que esperava. Temos observado que muitos mal-entendidos vêm do descaso com o Foco 4.

Auto-avaliação

Para onde dirijo meu foco emocional quando encontro alguém pela primeira vez? Penso em como me sinto? Ou em como os outros se sentem?

FAZENDO UM BALANÇO

Ser gentil é sempre vantajoso. As pessoas inconscientemente o avaliam pelos benefícios sociais que você proporciona e comparam com quaisquer "custos" sociais que possa acarretar. Se você faz os outros se sentirem especiais e os deixa de bom humor, será mais socialmente desejável do que pessoas que não despertam neles sentimentos tão agradáveis. Você se torna menos desejável se acarreta "custos" sociais – ou seja, se não concede aos outros os benefícios que buscam ao deixar de manifestar seu apreço, ao despertar neles sentimentos negativos ou aborrecê-los.

Um traço importante da troca social é o fato de *ser uma troca.* Nós avaliamos e somos avaliados pelos benefícios que proporcionamos aos outros. Isto pode parecer frieza de raciocínio, mas explica um bocado sobre o comportamento humano. E ignorar este fato é deixar de lado uma parte significativa da normal e saudável dinâmica humana.

É como procurar um amigo, um empregado, um marido ou uma mulher. Queremos ter certeza de que conseguimos o melhor. Não há quem não goste de estar com alguém cuja companhia aprecie, que seja bom para a pessoa, respeite-a e tenha um mínimo de características incômodas. Pense em alguém cuja companhia lhe agrada especialmente. Que benefícios sociais essa pessoa lhe proporciona? Como ela faz você se sentir? Pense em alguém que é socialmente difícil. Que custos acarreta, que desgastes provoca?

Por favor, passe na frente: a generosidade social

O Foco 4 é uma forma de generosidade social. É o que em geral se chama de "ser gentil". É colocar os sentimentos e necessidades dos outros antes dos seus. Enquanto que os relacionamentos têm a ver com a satisfação de necessidades mútuas, *as primeiras impressões têm a ver com satisfazer as necessidades dos outros.* Quando você encontra alguém pela primeira vez, aquele é um momento breve, mas especial. Se você põe de lado as suas próprias necessidades durante aquele momento e desloca seu foco para o outro, demonstra que pode ser generoso e desprendido. Se não o faz, pode dar a entender que é exatamente o oposto e que pode se tornar um fardo emocional, alguém que estressa os outros quando está por perto. É como se dissesse aos estranhos que está interessado apenas em si mesmo ou que tem necessidades insatisfeitas que espera que os outros possam satisfazer.

PARA CONSEGUIR O QUE *VOCÊ* QUER

Se você gasta toda a sua energia fazendo a outra pessoa se sentir bem, como é que *você* fica? Como pode ter certeza de que vai conseguir o que deseja? Apesar de talvez ainda não ter pensado muito no assunto (até agora), você provavelmente tem uma noção daquilo que gostaria de obter de suas relações com os outros. Pode ser que goste de estar junto com pessoas que o façam rir. Pode ser que lhe agrade falar sobre si mesmo e se sentir compreendido. Ou falar sobre seu trabalho, porque lhe permite se sentir talentoso. Como equilibrar as duas coisas: conseguir o que quer enquanto se concentra nos outros?

O caminho mais curto para conseguir o que você quer é primeiro dar a vez aos outros. É verdade. Quanto mais você ouve e estabelece contato com os outros, maior probabilidade tem de ver essa atenção devolvida. Um primeiro contato pode ser uma oportunidade para duas pessoas viverem a experiência de um momento agradável, ou ser o início de uma amizade, de um relacionamento social, profissional ou amoroso. Se você começa assumindo uma posição de generosidade e satisfaz as necessidades dos outros, estará preparando o terreno para uma satisfação recíproca. Seu ato de generosidade social vai lhe granjear estima e abrir-lhe as portas da aceitação. Também lhe dará mais poder para levar adiante os relacionamentos que deseja manter. Mais tarde você avaliará se está ou não recebendo de volta o que quer ou precisa ter.

Capítulo 3

As quatro dádivas sociais universais

Agora você já sabe a importância de se concentrar na maneira como os outros se sentem. Mas talvez não saiba na prática como ser socialmente generoso. O que exatamente as pessoas desejam?

O desejo das pessoas varia muito, mas existem algumas dádivas sociais indispensáveis que são universais. São elas:

APRECIAÇÃO

Todos gostam de se sentir apreciados e aprovados. Você demonstra apreciação quando mostra que compreende e respeita o outro por suas qualidades. Por exemplo, se você diz a alguém, direta ou indiretamente, que a pessoa é talentosa, engraçada, inteligente ou atraente, ela vai se sentir orgulhosa por ter aquela qualidade e satisfeita consigo mesma de modo geral.

Nossa cliente Nancy, uma advogada de trinta e poucos anos, contou-nos sobre o encontro agradável que teve com Dean, um arquiteto de mais ou menos a mesma idade, em uma festa na casa de um amigo comum. No decorrer da conversa, Nancy teve a sorte de ser agraciada com quase todas as dádivas sociais.

Foi assim que Dean mostrou a Nancy como a apreciava:

NANCY: Eu antes não fazia exercício nenhum, mas no ano passado comecei a ter aulas de caratê, só para me mexer um pouco. Agora, estou adorando e acabei de me tornar faixa verde.

DEAN: É uma façanha e tanto! Conheço uma porção de gente que vive adiando o momento de começar uma coisa que tem vontade de experimentar e, veja só, você está em grande forma e, ainda por cima, é faixa verde de caratê! Estou admirado!

CONTATO

Contato tem a ver com laços, ligações, algo que você tem em comum com a outra pessoa. Pode ser um amigo comum, interesses comuns ou experiências semelhantes. E pode também se estabelecer quando simplesmente mostramos ou revelamos que temos a mesma atitude ou o mesmo ponto de vista sobre algo, como ao dizer "Também acho" ou "Eu também adorei aquele filme". Em essência, é o mesmo que dizer "Sou como você". As pessoas gostam porque se sentem compreendidas e entrosadas no ambiente.

Eis como Dean deve ter estabelecido contato com Nancy:

NANCY: Gosto muito de histórias policiais e de livros sobre crimes verídicos, histórias de suspense e coisas do gênero.

DEAN: Eu também! Adoro John Grisham, James Patterson e Sue Grafton. Você já leu os livros deles? Tenho uns amigos com quem troco esses livros. Se quiser, posso mandar alguns para você.

ANIMAÇÃO

É natural as pessoas quererem ficar de bom humor, rir e se sentirem animadas – e elas são atraídas por aqueles que as fazem sentir-se assim. Você não precisa representar ou fingir. Há muitas maneiras de melhorar o ânimo das pessoas, tais como sorrir, dizer coisas simpáticas, distrair ou divertir o outro e direcionar sua atenção para os elementos positivos ou humorísticos de uma situação. Eis como Dean conseguiu melhorar o humor de Nancy:

NANCY: Nossa, está gelado lá fora. Detesto esse tempo, tenho a impressão de que nunca mais vou deixar de sentir frio.

DEAN: Tem razão, parece o Pólo Norte! Mas não dá para não gostar da neve. A cidade parece encantada quando neva! Viu como foi lindo ontem à noite quando começou a nevar?

ESCLARECIMENTO

Somos todos curiosos. Gostamos de aprender coisas novas, de saber de novidades – fatos interessantes, idéias e perspectivas, até de trivialidades. Proporcionar esclarecimentos faz de você uma pessoa estimulante e agradável de se ter por perto. A informação não precisa ser sobre alguma obra erudita que você esteja lendo nem sobre política internacional – basta falar sobre algum fato curioso que você observou no caminho para o trabalho, sobre um filme que acabou de ver ou um artigo que leu em uma revista.

Foi assim que Dean ofereceu esclarecimentos a Nancy:

NANCY: O que você fez hoje?

DEAN: Nada de especial, fiquei zanzando pela casa. Mas acabei vendo um programa na televisão sobre a Segunda Guerra Mundial. Você sabia que durante a guerra os japoneses enviaram uma verdadeira flotilha de balões de ar quente através do Pacífico para bombardear a América? A maioria pousou nas montanhas...

NANCY: Balões? Que coisa, não, nunca tinha ouvido falar disso.

Nesse ponto da conversa, Dean conseguiu extrair um fato interessante de seu dia e ao mesmo tempo contar algo de novo a Nancy.

E isso é tudo. É possível fazer os outros se sentirem bem depois de interagirem com você se os apreciar pelo que são, estabelecer contato com eles, melhorar seu humor e estimulá-los com novas idéias e perspectivas. Estas dádivas sociais podem ocorrer em qualquer situação. É verdade que situações específicas trazem diferentes benefícios. O que é conveniente em um primeiro encontro amoroso pode ser bem diferente do que é apropriado em uma reunião de negócios. Mas é uma questão de proporção. Na relação romântica com uma pessoa, você pode desejar ser alvo de apreciação e de contato e ao mesmo tempo satisfazer esses sentimentos no parceiro. Pode também querer se divertir e receber informações sobre as idéias dele. Em uma relação de negócios, por outro lado, a informação representa um papel mais destacado, mas os outros benefícios também não deixam de ser importantes. Um cliente que aprecia você e o faz rir com certeza é mais atraente e agradável.

A IMPORTÂNCIA DO EQUILÍBRIO

O equilíbrio é importante. Um saudável equilíbrio das quatro dádivas sociais resulta num maior carisma da sua parte. Caso contrário, o desequilíbrio pode ser desconcertante. Por exemplo, David, o analista de Wall Street mencionado no capítulo anterior, deu bastantes informações a Susan sobre o que aprendera em um curso que estava fazendo sobre a história da cidade de Nova York. Partilhou com ela suas idéias e opiniões. No entanto, não demonstrou em nenhum momento que apreciava Susan e não procurou uma forma de estabelecer ligação com ela, nem se preocupou em diverti-la. Enquanto David estava voltado para a dádiva do esclarecimento, Susan estava voltada para todas as coisas de que sentia falta. O desequilíbrio era muito flagrante para Susan e tornou David muito menos atraente do que teria sido se ele tivesse dosado melhor as dádivas sociais.

É claro que cada um tem suas preferências pessoais quanto ao que procura nos outros. Por exemplo, alguns talvez gostem de ser entretidos e procurem a companhia daqueles que os fazem rir, sem se preocuparem muito em estabelecer contato com essas pessoas. Outros preferem ser compreendidos e adoram falar com pessoas que lhes transmitem essa sensação, não fazendo muita questão de aprender coisa alguma. Entretanto, em geral não sabemos como são as pessoas que encontramos pela primeira vez. Portanto, o equilíbrio é uma boa estratégia.

O QUE VOCÊ PROPORCIONA AOS OUTROS?

Então, que dádivas sociais você tem para oferecer aos outros? Esta é, na verdade, a questão fundamental deste livro. Talvez você nunca tenha pensado em si mesmo dando ou negando alguma coisa em uma primeira impressão. Mas você o faz. Será que você satisfaz os desejos dos outros com as coisas que eles, tal como você, desejam obter em uma relação social? Será que nega aos outros a oportunidade de satisfazer algum desejo? Você equilibra a oferta das quatro dádivas sociais?

Admitimos que a maioria das pessoas tem pontos fortes. Talvez você seja espirituoso e incrivelmente divertido. Ou talvez seja bem informado e goste de falar com os outros sobre acontecimentos atuais, dando suas opiniões. Mas também é possível que você tenha pontos fracos. Pode não ter consciência dos sentimentos e dádivas sociais que deixa de transmitir aos outros ou dos desgastes emocionais que provoca. Você não gostaria de proporcionar às pessoas os benefícios de seus talentos e, além disso, os outros benefícios sociais desejáveis? Saber o que deseja proporcionar aos outros pode ajudá-lo a perceber se existem lacunas entre o que você gostaria de projetar e a maneira como os outros realmente o vêem. Evidentemente, você pode não querer proporcionar todas essas dádivas aos outros; pode não ser o seu estilo. Mas ajuda bastante ter consciência daquilo que você proporciona ou não. Se souber como as pessoas se sentem quando interagem com você, terá uma noção mais precisa da maneira como elas o vêem.

Auto-avaliação

Que benefícios proporciono aos outros? Tenho algum ponto forte? De todos os benefícios sociais – apreciação, contato, animação e esclarecimento –, qual é aquele em que me saio melhor? De que modo os outros descreveriam como se sentem depois de uma conversa comigo? Será que existe alguma dádiva social que eu costumo não proporcionar às pessoas?

CONCLUINDO

As pessoas formam impressões sobre você rápida e inconscientemente. Fazem suposições a seu respeito baseadas nas primeiras coisas que você diz ou faz e então passam a vê-lo através do filtro dessas suposições iniciais. Supõem que esses seus primeiros comportamentos representam a maneira como você age na maior parte do tempo, mesmo que isso não seja verdade. Baseadas nas primeiras coisas que você faz, elas podem atribuir a você outros traços negativos ou positivos, até alguns que jamais presenciaram.

Dar uma primeira impressão positiva é simples. O segredo é concentrar-se em como você faz os outros se sentirem, sobretudo *a respeito de si mesmos*. É importante repetir: os relacionamentos têm a ver com satisfação mútua de necessidades, *mas as primeiras impressões têm a ver com satisfazer as necessidades dos outros*. Você satisfaz as necessidades deles quando demonstra apreciar suas qualidades positivas, faz com que sintam que estabeleceram contato com você, melhora seu humor e esclarece-os com informações e idéias. Lembre-se de que, se você for socialmente generoso, existe uma probabilidade maior de os outros retribuírem a atenção que você lhes deu e satisfazerem seus desejos sociais.

PARTE II

Os sete princípios básicos de uma primeira impressão

Nós também captamos e absorvemos informações a respeito das pessoas de uma maneira rápida e normalmente de forma inconsciente. Mas o que as pessoas buscam exatamente e como reagem quando encontram alguém pela primeira vez? O que proporciona os sentimentos positivos e negativos que afetam de modo tão decisivo as suas avaliações?

Uma impressão inicial é um pequeno e intricado quebra-cabeça. Mas, se examiná-lo com atenção, você será capaz de distinguir cada peça claramente e perceber como elas se encaixam num todo. Assim vai compreender melhor como aquela impressão foi criada.

Nesta parte, analisamos sete elementos básicos da primeira impressão. Estes princípios são: ser acessível, demonstrar interesse, escolher o assunto das primeiras conversas, auto-revelar-se, estabelecer uma dinâmica da conversa, criar uma perspectiva e transmitir sex appeal. Se examinar cada peça, você pode adquirir um conhecimento muito mais detalhado da maneira como é percebido pelos outros.

Capítulo 4

Abrindo a porta: ser acessível

Alguma vez você já se viu em meio a uma festa correndo os olhos pela sala em busca de alguém que pudesse se mostrar aberto a ter uma conversa com você? Ou já esteve numa cidade estranha procurando no meio da rua alguém a quem pudesse pedir uma informação? Você provavelmente não escolhe uma pessoa ao acaso. Você avalia as pessoas pelo grau de abertura que elas parecem demonstrar. Para isso, você capta alguns sinais sutis que estão sendo emitidos.

Você também emite estes sinais. Alguns deles dizem "fique longe" ou "sou de confiança e posso ser abordado". Tenha ou não consciência disso, você possui um estilo que revela às pessoas em que medida se mantém acessível a elas. Você mostra isso pela maneira como dispõe o seu corpo, a forma como devolve um olhar, como reage e se envolve com os outros. Você tem consciência de até que ponto se mostra aberto a um contato? Em geral as pessoas costumam se mostrar à vontade quando dão início a uma conversa com você numa festa? Os turistas que vagam pelas ruas de mapa na mão costumam escolher você para pedir informações? As pessoas costumam trocar observações bem-humoradas com você nos elevadores?

Naturalmente, pode ser que não lhe agrade a idéia de ser abordado por estranhos na rua o tempo todo. Mas você pode querer parecer uma pessoa simpática, receptiva. Talvez gostasse de uma conversa casual com alguém numa sala de espera, com o vizinho na poltrona ao lado durante um vôo ou com um convidado interessante numa festa. Para isso acontecer, seria conveniente que soubesse como parecer mais acessível, de modo a atrair os outros quando desejar.

Seu estilo para mostrar-se acessível é importante, porque ele literalmente determina se alguma relação vai ou não acontecer. Mesmo antes de se dirigir a alguém, sua própria disposição – se está à vontade ou constrangido – já influencia o modo como a outra pessoa se sente na sua presença. Você pode fazer com que ela se sinta descontraída ou ansiosa, confiante ou insegura. Você pode não ter consciência do poder que exerce "à distância". Mas você tem esse poder e, se compreendê-lo, será capaz de dominá-lo. Pode usá-lo para fazer os outros se sentirem à vontade, o que provavelmente vai despertar as melhores qualidades dessas pessoas e propiciar uma relação melhor com você.

Portanto, o primeiro princípio de uma impressão inicial é como você se mostra aberto aos outros. Há dois componentes principais nesta atitude. O primeiro é a forma para estabelecer contato: se é você que assume a iniciativa e de que maneira faz isso. O segundo componente é o conteúdo – o que você efetivamente diz quando começa uma relação.

Alguns dos comportamentos aqui discutidos serão analisados mais detalhadamente nos capítulos seguintes, de modo que você irá compreendê-los melhor à medida que for lendo.

SUA FORMA DE ESTABELECER CONTATO

Como você estimula um contato? Pense numa ocasião em que quis falar com alguém ou quis que uma pessoa se dirigisse ou respondesse a você. Talvez tenha sido numa festa ou numa reunião da empresa. O que você fez, que impressão acha que causou?

A arte de ser uma pessoa aberta

Pessoas que você não conhece podem captar muitas informações suas através do jeito como você se move, como fala, como lida com os outros – antes de efetivamente encontrarem ou falarem com você. É uma prévia de uma primeira impressão.

Tomemos como exemplo um de nossos clientes da área de negócios, Theo. Acompanhado de alguns colegas, ele compareceu a um coquetel. Theo batia papo com seus amigos, que riam e contavam histórias sobre noitadas passadas. Mas Theo já tinha ouvido a maior parte dessas histórias e, como se sentiu entediado, afastou-se do grupo. Percebeu que outros convidados da festa pareciam ser pessoas interessantes e teve vontade de falar com alguns. Bebericou sua cerveja, na esperança de que alguém se aproximasse. Mas lentamente tomou consciência de que as pessoas estavam se aproximando mais de seus colegas do que indo na sua direção. Ele se sentiu excluído e ligeiramente perplexo.

Sem perceber, Theo estivera enviando mensagens indicando que não era uma pessoa fácil de ser abordada. Notamos que sua linguagem corporal não favorecia uma aproximação – ele tinha uma postura rígida, fazia pouco contato visual com os outros e se afastou do grupo de amigos. Outros também perceberam isso e preferiram se aproximar de alvos "mais fáceis" – aquele bando que parecia divertido e tinha uma postura aberta. Theo estava interessado em fazer contato com alguém e achava que se mostrava aberto. Ele não tinha a menor idéia de que sua linguagem corporal mantinha os outros à distância e determinava o modo como os outros o viam mesmo antes de ele abrir a boca.

Auto-avaliação

Pareço aberto e interessado, ou reservado e distante? O que faço para enviar essas mensagens? Como é que as pessoas que não conheço interpretam minha linguagem corporal?

A linguagem do corpo

Examinemos os detalhes. Quais são os elementos mais importantes da linguagem corporal que podem atrair ou repelir as pessoas? Theo, por exemplo, não estava sorrindo, mantinha uma postura rígida e não olhava para as pessoas. Ele não parecia estar "presente" e não dava a impressão de estar aberto. Ao contrário, parecia distante e contido. Todos esses comportamentos inibem a aproximação das pessoas.

O que Theo podia ter feito de diferente? Para começar, podia ter sorrido. Um sorriso comunica ao mundo o fato de que, naquele momento, você se sente feliz ou satisfeito. Quando você sorri para as pessoas, elas, conscientemente ou não, sentem que você as considera simpáticas. É um estímulo para que façam contato. Insistimos neste ponto com nossos clientes. Se eles sorriem e demonstram prazer ao convidar ou cumprimentar alguém, fazem com que a outra pessoa se sinta melhor em relação a si mesma, facilitando assim uma melhor relação. A ausência de um sorriso envia involuntariamente uma mensagem negativa, a de que você não se sente atraído ou interessado pelos outros, ou que não está com bom astral. Theo não estava infeliz nem fechado. Mas os outros não sabiam disso.

Auto-avaliação

Mesmo que me sinta pouco à vontade, eu faço algum esforço para sorrir quando encontro novas pessoas ou estou numa situação nova?

O que mais Theo poderia ter feito? Poderia ter deixado seu corpo menos tenso. Manter o corpo numa postura descontraída costuma fazer com que os outros se sintam mais à vontade e mais inclinados a se aproximar de você. Ele também poderia ter feito contato com as pessoas por meio do olhar. Ao estabelecer esse tipo de contato visual e inclinar a cabeça na direção de alguém, você emite sentimentos positivos e torna-se mais abordável.

Theo não tinha consciência do que o seu corpo estava fazendo. É difícil perceber isso, e certamente não podemos captar os efeitos de nossa postura corporal do mesmo modo que os outros captam. Uma boa maneira de tentar saber isso é pedir a um amigo de confiança para dizer quais são as mensagens que eles vêem na nossa linguagem corporal.

QUANTO MAIS QUENTE MELHOR

Pessoas que parecem ser mais calorosas e afetuosas costumam ser vistas como menos ameaçadoras do que as que se mostram distantes e frias. Mas o que significa ser "caloroso"?

Para compreender os elementos da linguagem corporal que emitem essas mensagens de "temperatura", pesquisadores gravaram em vídeo o comportamento dos participantes de uma experiência na qual mantinham uma conversa com outra pessoa durante cinco minutos. Pediam que cada participante se atribuísse uma nota indicando em que medida achava que tinha se mostrado caloroso. Mostraram então a "observadores" as gravações em vídeo e pediram que eles também classificassem e dessem notas aos "conversadores".

Para os observadores, a linguagem corporal que indicava uma atitude calorosa consistia em mostrar fisicamente atenção, sorrir e acenar com a cabeça. A linguagem corporal que expressava frieza consistia em não registrar a presença dos outros, não sorrir e em esticar as pernas (quando sentados).

Curiosamente, as pessoas que estavam sendo avaliadas não percebiam nesses comportamentos um sinal de frieza da parte delas. Não tinham a mínima idéia de que eram percebidas dessa maneira.

Portanto, talvez você queira prestar atenção aos sinais que indicam sua temperatura. Pode ser que outros o julguem frio e distante, mesmo que você não se sinta assim, nem tenha pretendido enviar esta mensagem. Neste caso as pessoas podem reagir a você de modo negativo, embora você não perceba a causa disso.

Administrando o risco

Todos nós tememos ser rejeitados. Isso é típico da condição humana. Quando parecemos ser uma pessoa que não oferece riscos de rejeição para os outros, minimizamos esse temor e torna-se mais fácil sermos bem acolhidos. Por exemplo, é menos arriscado aproximar-se de você numa festa quando está sozinho do que quando está envolvido numa conversa íntima com alguém. Você parece oferecer um risco menor, mesmo quando está batendo papo com alguém, se procurar manter uma postura aberta, oferecendo espaço para que outra pessoa se junte aos dois.

Você também parece oferecer um risco menor se dá a impressão de ser semelhante aos outros – nem superior nem muito diferente. As pessoas se sentem mais seguras sobre o que esperar de você e têm mais certeza de que vocês dois irão se entender e estabelecer uma conexão. Você transmite sua semelhança com os outros pelo modo como se arruma e se veste e também pela maneira como fala e responde. Mostrar interesse pelos assuntos levantados pelos outros convidados, manifestar sua aprovação pela música ou pela comida e mostrar o que tem em comum com os demais – em vez de apresentar-se como alguém diferente – facilita a aproximação.

Ajustando-se

Examinemos o caso de uma cliente nossa, Lauren, uma sofisticada mulher de negócios de Los Angeles, com um guarda-roupa na última moda e uma série de gostos refinados. Lauren decidiu se mudar para uma cidade menor porque queria dar à sua vida um ritmo mais tranqüilo e desfrutar do sentimento de pertencer a uma comunidade. Apesar de adorar sua nova cidade e de simpatizar com as pessoas dali, ela não se sentiu muito bem-vinda. Um colega finalmente lhe disse que sua maneira de se vestir e de conversar dava às pessoas do lugar a sensação de que ela se achava superior a elas. Lauren tentou então tornar-se mais acessível, usando roupas mais simples, falando sobre os acontecimentos locais e assumindo mais a iniciativa nos contatos sociais. No princípio se sentiu um pouco constrangida – não estava habituada a vestir roupas cáqui e a conversar sobre fazendas –, mas com o tempo passou a ter muito mais facilidade para criar vínculos com seus vizinhos e colegas de trabalho.

Ao nos adaptarmos a uma situação local, estamos assumindo uma atitude positiva – isso faz com que os outros se sintam melhor em relação a si mesmos e portanto mais à vontade conosco e envia a mensagem de que somos uma pessoa "que não oferece riscos".

Boa aparência

A aparência tem grande importância quando se trata da impressão inicial causada por alguém. O seu visual pode ser a primeira informação sobre você captada por uma pessoa estranha e portanto desempenha um papel maior num primeiro encontro do que naqueles que virão depois. A maioria de nós tem consciência disso e costuma ter um cuidado extra a este respeito num importante primeiro encontro, seja um compromisso de negócios, uma festa ou um programa com um possível namorado ou namorada. É o que esperam de nós, e isso pode colaborar para que tudo corra bem nessa ocasião. Quando sua aparência é boa e faz com que você passe a impressão de estar bem consigo mesmo, este aspecto exterior vai para segundo plano e os outros podem concentrar sua atenção na sua personalidade e no que você está falando.

Ter boa aparência consiste sobretudo em ter a aparência apropriada, como vimos no caso de Lauren no último exemplo. Ter boa aparência também significa cuidar de si, demonstrar ter estilo e projetar confiança na sua imagem.

Quando você demonstra que se cuida, está enviando uma mensagem de que é saudável, se respeita e se empenha para ser agradável em relação aos outros. Cuidar-se significa ser limpo e arrumado, ter os dentes bem tratados e até aparar aqueles cabelinhos do nariz e das orelhas! Quando nos mostramos desleixados quanto à nossa aparência, passamos a idéia de que somos descuidados no convívio social.

O estilo também é importante. Estilo significa, entre outras coisas, arrumar-se e vestir-se de maneira que reflita sua individualidade e as tendências da moda. Ter um estilo próprio transmite a noção de que temos confiança em nós mesmos e estamos sintonizados com o mundo à nossa volta. Se você sente alguma insegurança a respeito disso, poderá ter algumas idéias prestando atenção no modo como as pessoas que você admira costumam se apresentar, consultando um amigo de confiança ou até mesmo buscando a ajuda de um consultor para assuntos de moda.

Estilo significa projetar uma imagem verdadeira de si mesmo. Então é importante prestar atenção na imagem que transmite. Pode ser que você queira parecer descontraído usando camisas de algodão e tênis, mas, dependendo da ocasião, os outros podem pensar que você lhes dá pouca consideração. Se usa roupas apertadas para parecer sexy, talvez dê a impressão de ser vulgar ou querer chamar a atenção. Você pode estar errando o alvo em que está mirando. Se sente alguma insegurança, não vai fazer mal nenhum pedir a opinião de um amigo.

E não é preciso ser bonito ou bonita para ter boa aparência. Beleza é ótimo, mas confiança em excesso atrapalha. Mesmo que não tenha o visual de um astro ou estrela de cinema, ao mostrar-se satisfeito com seu corpo e sua aparência você transmite essa sensação aos outros. Se sua postura transmite segurança, não importa sua estrutura óssea, altura ou peso, você deixará uma impressão mais positiva do que se tentar disfarçar ou compensar alguma deficiência. Você se torna mais atraente quando mostra que se sente bem na sua própria pele e demonstra ter mais orgulho do que vergonha. O conforto com o próprio corpo será discutido mais detalhadamente no Capítulo 10.

Resumindo, se você souber se adaptar ao ambiente, cuidar de si mesmo e projetar confiança e um senso de estilo, terá uma boa aparência.

A ILUSÃO DOS REFLETORES

Quando estamos entre estranhos, podemos às vezes superestimar o impacto dos detalhes sobre os outros. Podemos nos sentir feios porque nosso cabelo está um pouco achatado ou porque estamos usando os sapatos errados, e ficamos pensando que as pessoas também estão atentas a essas "falhas". Podemos lhes garantir: elas provavelmente não estão.

Pesquisadores estudaram a questão dos detalhes. Em uma pesquisa, os participantes foram instruídos a usar camisetas estampando imagens das quais tinham orgulho ou que, ao contrário, as deixavam constrangidas e caminhar numa sala cheia de pessoas estranhas. Os pesquisadores pediam aos participantes para estimar quantas pessoas se lembrariam da imagem na camiseta depois que elas deixassem a sala. Os resultados mostraram que os participantes superestimavam sistematicamente o número de pessoas que se lembravam das imagens nas camisetas.

Em outras palavras, as pessoas partem do princípio de que os detalhes de sua aparência são mais passíveis de serem percebidos e registrados na memória do que ocorre na realidade. Os pesquisadores concluíram que "as pessoas acreditam que os refletores da atenção social brilham sobre elas com uma intensidade maior do que a que existe realmente".

A primeira oportunidade

Além de fazer com que as pessoas se aproximem de você mais facilmente com a ajuda da linguagem corporal e da sua aparência, você também conta com uma oportunidade simples e direta em um primeiro encontro: assumir uma postura passiva ou ativa. Você espera que alguém se apresente ou você toma a iniciativa de se apresentar?

Esperando por uma apresentação: a abordagem passiva

Uma de nossas clientes, Jill, nos contou uma experiência constrangedora por que passou numa festa. A única pessoa que Jill conhecia era a anfitriã, que estava ocupada cumprimentando seus muitos convidados. Jill deu uma olhada pela sala torcendo para ver um rosto conhecido no meio da multidão. Sem encontrar ninguém, ela acabou caminhando na direção do bufê. Duas mulheres na fila atrás dela estavam conversando. Enquanto Jill fazia seu prato, ela se virou e olhou para o homem que estava ao seu lado. O homem inclinou a cabeça, esticou o braço para apanhar um prato e virou-se para o outro lado, deixando Jill extremamente constrangida. "Tem alguma coisa errada comigo?", ela ficou pensando. "Sou chata ou feia?" Jill pegou seu prato com comida e achou um lugar onde podia comer sozinha. Ela começou a se sentir pouco à vontade e logo depois deixou a festa.

Provavelmente você também, como Jill, já passou por uma situação em que não conhecia ninguém e teve dificuldade para dar início a uma conversa. Você pode ter se sentido inibido, o que nos deixa menos à vontade para abordar alguém. A exemplo de Jill, pode ter cometido o equívoco de interpretar um comportamento casual como um gesto de rejeição, deixando que isso o deprimisse.

Assumindo a apresentação: a abordagem ativa

Vamos imaginar que Jill tivesse lidado com sua situação naquela festa de um modo um pouco diferente.

Jill apanhou seu prato de comida e olhou à sua volta procurando um lugar para sentar. Vendo algumas pessoas do outro lado da sala em torno de uma mesa onde havia dois lugares vazios, ela caminhou para lá, se apresentou, perguntou se os lugares estavam vagos e se sentou. Esperou uma brecha na conversa geral para explicar sua ligação com a anfitriã e fazer perguntas sobre os outros convidados com quem falava. Dentro de poucos minutos, Jill estava envolvida numa conversa em que acabou descobrindo que todos os seus novos conhecidos conheciam alguém ligado à firma onde trabalhava. Quando uma mulher passou por perto procurando um lugar para comer, Jill convidou-a a juntar-se ao grupo.

Nessa situação hipotética, Jill optou por uma abordagem ativa e decidiu se apresentar. Ela assumiu um risco. Mas logo passou a se sentir à vontade entre os outros, ficando menos tensa e mais descontraída. Ela emitiu uma mensagem que demonstrava confiança e satisfação. Por isso foi capaz de atrair as pessoas ao seu redor.

É claro que um estilo ativo não garante que outros vão sempre incluir você no seu grupo ou roda de conversa. As pessoas às vezes estão envolvidas em conversas de caráter mais privado ou não estão abertas a novos assuntos. É preciso ter sensibilidade para perceber isso. Mas a maior parte das pessoas prefere os que são capazes de tomar a iniciativa. De um modo geral, assumir um enfoque mais ativo fará com que os outros se sintam mais confortáveis ao seu lado e provavelmente levará a melhores relações do que uma abordagem passiva.

Auto-avaliação

Sinto-me mais à vontade no papel da pessoa que se apresenta ou da que espera o outro se apresentar? Posso assumir um papel ativo numa nova situação e me apresentar a estranhos?

Criando o tom

Além de se apresentar, você também pode criar o tom que vai prevalecer no primeiro contato. Você pode fazer isso através do estado de espírito, do astral que projeta, assim como pelo papel mais ativo ou passivo que decide assumir ao interagir com os outros.

Qual o seu Quociente de Estado de Espírito (QEP)?

Nosso estado de espírito é contagiante. Certamente você já se deu conta de que o astral dos outros pode influir na maneira como você se sente. Num restaurante, você pode se comunicar com a garçonete de uma forma amável e deixar seus parceiros de mesa com um sorriso nos lábios. Ou pode ficar deprimido depois de lidar com um funcionário dos correios rabugento e se sentir irritado pelo resto do dia, destilando amargura nas suas conversas com colegas de trabalho, piorando o astral deles e todo o ambiente.

Esteja você consciente ou não, seu estado de espírito muda as pessoas – a maneira como elas se sentem, o que sentem a seu respeito e o modo como reagem a você. Em qualquer relação você transfere uma parte do seu estado de espírito para aquele com quem está falando. Em sua quase totalidade as pessoas são atraídas por aqueles que mostram ter um astral positivo. Elas se sentem mais "pra cima" (lembre-se, esta é uma das dádivas sociais de que falamos antes) e com menos medo de serem rejeitadas.

Os componentes do seu Quociente de Estado de Espírito. Seu astral é transmitido pelo seu corpo e por suas palavras. A todo momento, você tem um QEP formado pela combinação dos seguintes fatores:

- Energia física
- Expressão facial
- Tom emocional da sua fala
- Vocabulário – conforme use palavras fortes ou fracas
- Orientação do seu foco: positivo ou negativo

Miranda, uma de nossas clientes, 45 anos, é uma profissional de publicidade. Ela olhou sem sorrir enquanto sua consultora se aproximava da mesa de café onde estava e a cumprimentou. Tinha no rosto uma expressão severa e começou a conversa sacudindo a cabeça, falando como o café estava aguado e em seguida reclamando da sua firma e das responsabilidades da rotina do seu trabalho.

Mais tarde a consultora perguntou a Miranda como ela estava se sentindo. Miranda disse que se sentia bem, só um pouco cansada, e quis saber por que ela tinha perguntado. A consultora explicou que

VELOCIDADE E DISTORÇÃO NA EXPRESSÃO DAS EMOÇÕES

Pesquisas mostraram que as pessoas formam certas impressões a respeito dos outros em questão de segundos. Neste espaço de tempo, elas captam e reagem a expressões de emoção, como raiva ou amabilidade, que lhes são transmitidas por movimentos do corpo, expressões faciais e contato visual.

As emoções negativas viajam mais rápido do que as positivas. Instintivamente, as pessoas reagem mais depressa àqueles que poderiam ser percebidos como uma ameaça por terem, por exemplo, expressões faciais zangadas. Esta informação é processada num nível neurológico primitivo, de um modo que permite às pessoas detectar e reagir ao perigo. Depois de examinarem a imagem dos outros em busca de um sinal de perigo, a atenção das pessoas é atraída para aqueles que parecem seguros e afáveis.

Esses processos primitivos continuam a desempenhar um papel na nossa cultura civilizada. Ainda que o ato de ver um estranho fechando a cara não nos leve a sair correndo, mesmo assim provoca em nós uma reação rápida e negativa. Por isso é tão importante nos darmos conta da emoção que estamos projetando nos primeiros segundos em que nos encontramos com alguém. Ainda que o seu rosto esteja contraído por causa de um engarrafamento que você acabou de enfrentar, pessoas estranhas podem registrar imediatamente a impressão e considerá-la ameaçadora ou pouco amistosa.

achava que Miranda não estava bem e que o contato com ela a tinha contagiado. Miranda ficou surpresa; pensava que estava sendo apenas franca. Ela não sabia que seu estilo "franco" na verdade passava a imagem de um estado de espírito negativo. Miranda tinha notas baixas em todos os componentes do seu QEP: seu nível de energia, a falta de um sorriso, o tom emocional, suas palavras fracas (por exemplo, "aguado", "rotina") e o seu foco.

A consultora de Miranda mostrou-lhe algumas conseqüências de se transmitir um baixo QEP. O primeiro é um efeito contagioso: seu astral faz com que os outros se sintam mais desanimados só por estarem na sua presença. Em segundo lugar, algumas pessoas podem pensar que *foram elas que desencadearam esses sentimentos negativos* no outro e achar que ele não gostou delas. Terceiro, as pessoas podem achar que Miranda está sempre de baixo astral e rejeitá-la por não desejarem tê-la por perto.

E você? Já pensou que tem um QEP que leva para toda relação? É claro que seu estado de espírito varia dependendo da situação, do momento no seu dia e de todo tipo de fatores. Mas, em comparação com os outros, de um modo geral você é uma pessoa mais para baixo ou mais para cima? Pode pensar no seu QEP como sendo um número de 1 a 10, onde 1 é uma rajada de vento do Ártico e 10 uma brisa de primavera.

Quando você encontrar alguém pela primeira vez, preste atenção no astral que está projetando. Tente então expandi-lo só um pouquinho. Por exemplo, se sente que está levando nota 4, veja se consegue chegar a 5. Pode ser difícil mudar seu astral interno de um momento para o outro. Mas você pode fazer pequenas mudanças no modo como o manifesta.

Você pode sorrir, por exemplo. Como já insistimos, o sorriso é de tal importância, que é a única atitude que recomendamos a nossos clientes que se forcem a fazer – só um pouquinho. É uma das dádivas da generosidade social que trazem um retorno. Quando estamos animados, acabamos levantando o astral dos outros. Você se torna mais simpático aos seus olhos e, ao longo do processo, também se sente mais feliz.

Como levantar seu astral. Sorria por uma fração de tempo um pouco maior ou demonstre um pouco mais de energia. Se acha difícil mostrar-se fisicamente mais animado, tente compensar com o uso da linguagem. Os termos que você escolhe podem fazer diferença. Usando expressões como "incrível", "maravilhoso", "lindo", ou mesmo falando da beleza do dia, você transmite um astral muito mais positivo do que termos como "legal" ou "bom". E preste atenção no tom emocional da sua fala. As pessoas são extremamente sensíveis a esse detalhe e partirão do princípio de que ele reflete "seus verdadeiros sentimentos". Se você diz que está contente por ver alguém e emprega um tom de voz banal, a pessoa provavelmente vai concluir que *você não está tão contente assim em vê-la.*

O OVO OU A GALINHA?

Como sabemos, quando nos sentimos bem, nós sorrimos. Mas você sabia que quando sorri você se sente melhor?

Psicólogos descobriram que quando dispomos nossa boca na forma de um sorriso, na verdade nos sentimos mais felizes. Mudanças na expressão facial podem alterar a temperatura do sangue que flui para o cérebro e mudar a maneira como você se sente. Basta encurvar os lábios para produzir uma diferença. Numa pesquisa, os participantes foram instados a colocar uma caneta entre os lábios (o que produz uma expressão fechada) ou entre os dentes (como num sorriso) e então dar notas a seu estado de espírito. Experimente e veja como se sente.

Auto-avaliação

Será que faço algum esforço, por menor que seja, para mostrar um astral mais positivo? Qual é a coisa mais fácil de se mudar a respeito do meu QEP: sorrir mais, usar uma linguagem mais positiva ou mudar meu tom emocional?

Pode ser que você já faça isso – às vezes. Reparamos que algumas pessoas sabem como projetar um astral positivo, mas não se esforçam para fazer isso nem reconhecem a importância dessa atitude.

Tomemos como exemplo nosso cliente Leonard, um bem-sucedido corretor imobiliário de cinqüenta e poucos anos. Ele encontrou sua consultora num bar para um café. Leonard chegou dez minutos atrasado, visivelmente alvoroçado. Explicou que tinha ido comer com alguns amigos mas não tinha conseguido sair a tempo porque o incompetente do garçom fora incapaz de trazer a conta logo e, como se não bastasse, tinha sido quase impossível achar um táxi, e alguém tinha dado uma fechada neles antes do sinal ficar vermelho. Depois despejar toda a sua irritação, ele se acalmou e começou a conversar com Susan.

Na sessão de avaliação, sua consultora comentou esse começo negativo. Leonard explicou que precisava desabafar com alguém. Sua consultora observou que talvez *ele* tenha se sentido melhor depois, mas não contribuiu nada para o astral *dela* e não ajudou a causar uma boa primeira impressão. Como sabia que Leonard era um homem de negócios, ela perguntou se ele iria desabafar suas frustrações ao se encontrar com um novo cliente. Ele disse que não, que sempre costuma saudar o cliente com um sorriso e toma cuidado para deixar de lado seus problemas pessoais. A consultora mostrou que ele tinha capacidade para pôr de lado suas irritações e conseguia fazer isso quando queria. Sugeriu então que ele aplicasse essa mesma habilidade em seus primeiros encontros fora da área profissional. Iniciando seus contatos sociais com simpatia e generosidade, ele teria uma chance maior de despertar no seu companheiro de conversa uma disposição mais agradável.

A abordagem do esperar-para-ver

Há duas partes no processo de definir o tom de uma conversa. Uma diz respeito ao astral que você projeta. A segunda tem a ver com o seu empenho para engajar seu parceiro numa conversa. Há diferentes maneiras de fazer isso. Reparamos que algumas pessoas preferem a abordagem passiva. Elas não criam um tom, esperam que os outros tomem a iniciativa. Então decidem como estão se sentindo e se e como querem se engajar numa conversa.

Embora, de um modo geral, seja bom reagir às outras pessoas, a abordagem do esperar-para-ver pode, inadvertidamente, enviar uma mensagem negativa de desinteresse ou rejeição.

Jerry, um de nossos primeiros clientes, esteve com sua consultora Susan num encontro simulado. Jerry tem pouco menos de trinta anos e trabalha num pequeno escritório de arquitetura. Quando chegou no bar, ele se sentou diante de Susan e a cumprimentou. Susan abriu a conversa fazendo perguntas sobre ele e o que tinha feito naquele dia, um dos primeiros dias mais quentes do ano. Jerry deu uma resposta curta. Susan sentiu necessidade de alimentar a conversa, então lhe falou de uma experiência interessante que tinha vivido mais cedo, naquele mesmo dia. Jerry limitou-se a ouvir atentamente. Susan lhe fez outra pergunta e, obtendo quase nenhum retorno, começou a falar sobre o filme que tinha visto na noite anterior. Bem mais adiante, Jerry finalmente se animou e participou mais ativamente da conversa. Contou a Susan sobre alguns projetos interessantes em que vinha trabalhando e também sobre a sua família. Mas a essa altura Susan já se sentia frustrada com Jerry e tinha perdido o entusiasmo pela conversa com ele.

De volta ao escritório, a consultora perguntou a Jerry sobre seu estilo reservado. Ele explicou que quando encontra pessoas novas mostra-se um pouco contido e fica observando-as, vendo como se colocam e reagem a ele. Então decide como se sente a respeito delas. Sua consultora lhe explicou que, embora observar os outros possa ser uma boa maneira de encontrar uma abertura por onde se conectar com eles, o seu estilo *muito* contido enviava sem querer uma mensagem: a de que ele estava entediado, desinteressado ou pouco à vontade com Susan. Enquanto está reunindo informações para ver se gosta de alguém, ele ao mesmo tempo está criando um ambiente que dificilmente trará à tona o que existe de melhor no outro. *Não dar um tom positivo* significa, na prática, *dar um tom negativo*. A falta de participação por parte de Jerry faz com que as pessoas pensem que ele não está interessado nelas, o que o torna *menos simpático para elas.*

Jerry poderia adotar um tom mais positivo simplesmente agindo como se esperasse gostar de Susan. Poderia ter conquistado mais prontamente a simpatia dela se tivesse se envolvido imediatamente na conversa, respondendo às suas perguntas e transmitindo mais energia através da sua linguagem corporal – sorrindo e se inclinando na sua direção. Poderia ter demonstrado mais interesse por ela e se esforçado para alcançar uma dinâmica mais confortável para os dois. (Estes comportamentos serão discutidos mais detalhadamente nos Capítulos 5 e 8.)

Auto-avaliação

Eu me envolvo prontamente numa relação criando um tom amistoso ou às vezes adoto uma atitude mais reservada e fico esperando que os outros *me* coloquem numa situação mais confortável antes de tomar gosto pela conversa?

CONTEÚDO: O QUE VOCÊ FALA DEPOIS DE DIZER BOM DIA?

Agora que abordamos o seu *estilo* de mostrar-se acessível – fazendo com que os outros se aproximem com mais facilidade, tomando a iniciativa de se apresentar e dando o tom da conversa –, trataremos do que você vai falar no seu primeiro contato com alguém.

Dando início a uma conversa: o método do momento

Um de nossos clientes, Jamal, um homem sério na casa dos quarenta anos, nos falou de uma experiência que viveu ao ser convidado por um colega para uma festa de aniversário num restaurante. Como tinha chegado cedo para o jantar, ele decidiu dar um tempo no bar. Estava perto de duas pessoas e teve a chance de começar a conversar, mas ficou sem saber o que falar. Então, olhou em torno, olhou para os quadros nas paredes, para as outras pessoas, ouviu a música que tocava – e então descobriu um tema para um papo casual. Virou-se para a mulher ao seu lado e se apresentou. Disse que tinha chegado cedo para encontrar alguns amigos e gostava da música que estava tocando. Disse que estava tentando identificar a cantora. Sua nova conhecida também não sabia o nome da cantora, mas eles acabaram falando sobre música e depois Jamal perguntou algo a respeito dela. Os dois prosseguiram numa conversa animada que deslanchou por causa de uma simples observação sobre a música.

O tema mais adequado e previsível para um primeiro encontro está na situação imediata em que as duas pessoas se encontram – no lugar e nas pessoas. Se não consegue pensar em nada sobre o que conversar, comente algo que tenha ouvido ou visto. Pode falar sobre algum detalhe na sala em que estão, o tempo que está fazendo ou sobre um acontecimento recente, esboçando um sorriso e de modo descontraído. Depois de quebrar o gelo dessa forma, pode fazer perguntas mais pessoais para o seu parceiro de conversa.

Auto-avaliação

Presto atenção no que está à minha volta quando encontro alguém pela primeira vez? Sou capaz de encontrar um jeito de dar início a uma conversa sobre o momento que vivemos e o lugar onde estamos antes de passar para uma discussão mais pessoal ou abstrata?

Abrindo um encontro programado

Numa situação de negócios, você não precisa arrumar um jeito de puxar conversa; os dois estão se encontrando com o mesmo propósito. No entanto, você tem uma opção a fazer para abrir a conversa. É importante mostrar-se positivo. Se começar com algum item "pra baixo", talvez precise de muito esforço para recuperar sua imagem aos olhos do seu interlocutor. Se começar com um comentário positivo, terá um ponto de partida muito mais favorável.

Tomemos o exemplo de um cliente nosso da área de negócios, Richard, um consultor financeiro que veio de Phoenix para participar de uma reunião em Nova York. Com ar confiante, ele entrou na sala de conferências e cumprimentou sua consultora dizendo: "Meu Deus, esta cidade é uma tremenda bagunça; toda vez que venho aqui quase não acredito no que vejo. Tinha tanta gente na calçada que quase fui atropelado." A consultora, uma moradora de Nova York, ficou um pouco na defensiva, mas, com cortesia, mostrou entender o ponto de vista de Richard. Mais tarde ele falou o tanto que gostava do novo projeto em que estava envolvido. Continuou falando de seus colegas incríveis e do quanto tinha se divertido com eles. Também comentou como estava ansioso para encontrar um velho amigo mais tarde, naquele mesmo dia.

Apesar de Richard ter falado com certo charme de pessoas e situações da sua vida, a consultora teve alguma dificuldade em vê-lo com simpatia depois de ele ter aberto a conversa num tom tão negativo. Quando ela comentou isso com ele, Richard explicou que suas opiniões sobre a cidade estavam frescas na sua mente quando ele a encontrara e lhe pareceram observações neutras, sem qualquer sentido agressivo. No entanto, não foram realmente neutras – sua abordagem negativa marcou o modo como a consultora o viu. Se Richard tivesse aberto a conversa com um cumprimento mais agradável como "Nossa, dá para sentir a energia desta cidade. É fantástico" – e *mais tarde* mencionasse sua experiência na calçada, ele teria deixado uma impressão melhor.

O que vem em primeiro lugar é vital quando se trata de uma primeira impressão. A primeira informação que você recebe ou de que toma conhecimento a respeito de alguém pesa mais do que algo que venha a saber depois. Pode ser que você conheça este princípio básico, mas, a exemplo de Richard, às vezes se esqueça de refrear um impulso para partilhar algum pensamento negativo quando encontra alguém pela primeira vez. Não é que você não deva ser sincero; é que seus contratempos de viagem e seus problemas de saúde geralmente cairiam melhor como um segundo ou terceiro tópico da conversa, em vez de ocuparem as frases iniciais.

Auto-avaliação

Estou consciente de como minhas palavras iniciais podem afetar a impressão que estou transmitindo? Tenho cuidado de suprimir temas negativos que venham à mente e de abrir a conversa com um comentário positivo quando encontro alguém pela primeira vez?

AS MENSAGENS DO APERTO DE MÃO

Um aperto de mão é um ritual comum na apresentação de duas pessoas que não se conhecem. Especialistas em etiqueta observam que a firmeza, o fato de sua mão estar seca e também a temperatura dela desempenham um papel importante na formação de uma impressão.

O ato de apertar a mão também chamou a atenção dos psicólogos sociais que testaram a qualidade do impacto exercido por um aperto de mão sobre as impressões iniciais a respeito de uma pessoa. Segundo suas descobertas, um aperto de mão firme, marcado pela força, vigor, duração, acompanhado de contato através dos olhos, tem realmente um impacto positivo sobre uma primeira impressão.

Os pesquisadores também examinaram as diferenças a este respeito entre os dois sexos. Descobriram que mulheres com aperto de mão mais firme são vistas como confiantes e determinadas e causam uma impressão melhor sobre os outros do que mulheres com um aperto de mão flácido. E, surpreendentemente, mulheres com aperto de mão firme são vistas de um modo mais positivo do que homens com aperto de mão com firmeza semelhante.

Com base nesses dados, as mulheres fariam bem em dar um aperto de mão firme ao encontrar alguém pela primeira vez.

CONCLUINDO

A forma como você se dirige aos outros é a *primeira* das primeiras impressões. Ela pode determinar se uma relação irá realmente acontecer e também a sua qualidade. Quando você parece estar envolvido, receptivo e seguro, acaba atraindo o contato com os outros, deixando-os à vontade.

Os indícios que mostram que você é acessível são relativamente simples. Você demonstra sua abertura em relação ao contato com os outros pela sua linguagem corporal – sorrindo, olhando nos olhos do outro, colocando-se numa atitude receptiva, mas não invasora. Fazemos com que os outros se sintam mais à vontade à medida que mostramos o que têm em comum conosco. Se tomar a iniciativa de se apresentar e definir um tom positivo para a relação, provavelmente você estimulará uma conversa mais agradável. Finalmente, você terá mais facilidade de fazer contato sendo espontâneo, mas tomando cuidado com o assunto que aborda.

Em que medida você parece ser acessível aos olhos dos outros? Sabe como atraí-los quando deseja? Faz com que os outros sintam-se seguros e à vontade ao seu lado? Reserve um momento para refletir sobre cada um dos comportamentos nas tabelas a seguir. Então verifique se adota essas atitudes normalmente, às vezes ou raramente. Será de grande ajuda se auto-avaliar desta maneira antes de passar para o próximo capítulo. Na Parte III, mostraremos como sintetizar as auto-avaliações encontradas ao longo do livro em um ou dois comportamentos que talvez queira aperfeiçoar.

SER ACESSÍVEL: COMPORTAMENTOS POSITIVOS				
Se você faz isso	*Você pode parecer*	*Eu faço isso*		
		Normalmente	Às vezes	Raramente
Sorri quando encontra alguém	Amigável, positivo, simpático, agradável			
Adapta-se à situação social e se põe no mesmo nível dos outros	Seguro, tolerante, acolhedor			
Arruma-se e se veste bem; gosta da própria aparência	Saudável, confiante			
Toma a iniciativa de apresentar-se a si mesmo e aos outros	Habilidoso socialmente, seguro, descontraído			
Convida os outros a se juntarem a você	Seguro, simpático, acolhedor			
Cria um astral positivo e consegue atrair os outros	Positivo, divertido, agradável de se ter por perto			
Inicia uma conversa falando sobre a situação atual	Seguro, fácil de se conviver, socialmente consciente			

PROBLEMAS DE COMUNICAÇÃO COMUNS					
Se você faz isso	*Você pensa que parece*	*Mas pode parecer*	*Eu faço isso*		
			Normalmente	Às vezes	Raramente
Não sorri	Neutro, pensativo, sofisticado	Desinteressado pelo outro, frio, inamistoso			
Concentra-se no seu eu e não no que tem em comum com os outros	Interessante, excêntrico	Inacessível, autocentrado, desajeitado socialmente			
Dá pouca atenção ao estilo de se arrumar e se vestir	Natural, despreocupado com superficialidades	Descuidado, desligado socialmente			
Espera que os outros se apresentem	Neutro, discreto	Distante, pouco à vontade, indiferente			
Observa e julga antes de relacionar-se ativamente	Cuidadoso, reflexivo	Desinteressado, difícil de se conectar, superior			
Usa frases feitas para começar uma conversa	Charmoso, esperto	Ridículo, agressivo, calculista			
Começa a conversa com uma observação negativa	Sincero	Desagradável, indelicado			

Capítulo 5

Chega de falar de mim: demonstrando interesse

Mostrar-se aberto aos outros é o princípio básico das primeiras impressões. É fundamental para estabelecer uma relação. Quando conseguir isso e depois de ter começado a conversar, você estará pronto para o segundo princípio: demonstrar interesse pelos outros.

Existem poucas regras simples e diretas para causar uma impressão inicial positiva, mas uma delas é esta: *Você transmitirá uma imagem mais positiva se mostrar um sincero interesse pelas pessoas com quem está se encontrando pela primeira vez.* Mesmo que isso pareça óbvio, muitos de nossos clientes, em meio à pressa e à tensão de um primeiro encontro, perdem de vista este ponto fundamental. Mas ele é essencial. As pessoas são altamente sensíveis ao interesse que os outros demonstram por elas. Sentem quando há esse interesse e sentem mais ainda quando ele não existe.

O fato de demonstrar interesse pelos outros também revela algumas coisas sobre *você*. Mostra que está aberto a um contato e que não é uma pessoa autocentrada. Também mostra que você se sente seguro a respeito de quem é e que mantém a mente suficientemente aberta para compreender o que existe sob a aparência superficial de alguém.

Pense sobre isso. Alguns dos melhores encontros que já teve talvez tenham sido aqueles em que você, quase imediatamente, estabeleceu um vínculo com alguém, sentindo-se à vontade e compreendido, de modo que a conversa fluiu com naturalidade. Ao final do encontro você ficou desejando voltar a ver a pessoa num futuro próximo. Se teve esse tipo de experiência, é muito provável que a pessoa que conheceu tenha demonstrado um interesse sincero. Mesmo que essa pessoa não tenha dito muita coisa sobre si mesma, o fato de ela ter se mostrado curiosa a seu respeito fez com que você se interessasse por ela.

Por outro lado, algumas das piores relações podem ter se dado com alguém que nunca mostrou o mínimo interesse por você, nunca lhe fez uma pergunta, ou ficou o tempo todo falando de si mesmo. Talvez você tenha terminado a conversa com um sentimento de irritação e esperando nunca mais ver aquela pessoa.

Quando alguém mostra um real interesse por nós, costumamos nos sentir valorizados e compreendidos – este é o principal benefício social que buscamos e ao qual inconscientemente reagimos em nossas relações com outras pessoas. Você também tem o poder de fazer essa luz se acender nas outras pessoas. Na verdade, demonstrar um interesse sincero é o modo mais fácil e mais eficiente de causar uma boa impressão inicial. Basta interessar-se e você parecerá interessante.

Neste capítulo falaremos, em linhas gerais, sobre o processo e o estilo pelos quais é possível demonstrar interesse. O *processo* é o modo com o qual você dirige sua atenção física, faz perguntas, ouve e responde. Seu *estilo* determina a maneira, mais agressiva ou mais passiva, com que você mostra seu interesse.

O PROCESSO: COMO VOCÊ MOSTRA INTERESSE

Fisicamente, você demonstra seu interesse pelo modo como se volta para a pessoa e olha para ela; em termos verbais, pela maneira como se dirige a ela, faz perguntas, escuta e reage. Parece um tanto elementar, mas há muitas nuanças nesse processo. Ainda que você não se aperceba dos aspectos sutis de seus comportamentos, os outros captam com muita rapidez suas mensagens.

A força do foco físico

Uma cliente nossa do mundo dos negócios, Eileen, é uma bem-sucedida administradora numa grande empresa de tecnologia. Nós a observamos durante um encontro que ela manteve com dois de seus novos subordinados, John e Laurie. Eileen deu início à conversa apresentando uma visão geral de um novo projeto e estimulou-os a dar suas opiniões. Tanto John como Laurie mostraram-se ansiosos para compartilhar com ela suas idéias. No entanto, no decorrer da conversa, Eileen começou a dedicar a maior parte de sua atenção a Laurie. Quando Laurie apresentava suas idéias, ela assentia com a cabeça, sorria e se inclinava na sua direção. Quando John falava, Eileen mantinha uma postura de neutralidade. John acabou parando de colaborar com a discussão.

Quando a consultora de Eileen chamou sua atenção para o favoritismo que tinha mostrado através de suas reações, ela ficou surpresa. Tinha percebido que John "se fechara", mas não tinha idéia de que a causa do fechamento fora sua linguagem corporal. Ela achava que tinha solicitado a contribuição dos dois de um modo que mostrava imparcialidade. Sua consultora observou que, ainda que verbalmente ela tivesse solicitado as opiniões dos dois, sua linguagem corporal favorecera Laurie. A maneira como ela estava fisicamente voltada para Laurie emitira fortes mensagens da sua preferência, enviando simultaneamente mensagens de rejeição para John.

Nossos corpos revelam nosso interesse. A exemplo de Eileen, muitas vezes temos mais consciência do que dizemos aos outros do que do modo como nos comunicamos fisicamente com eles. Como mencionamos no capítulo anterior, a maneira como nos postamos diante dos outros quando estão falando, o modo como movemos nossas cabeças e como sorrimos ou deixamos de sorrir mostra o grau de nosso interesse neles e no que têm a dizer.

Auto-avaliação

Eu percebo o que o meu corpo transmite quando me encontro com novas pessoas? Eu me inclino na direção delas, concordo com a cabeça, sorrio? Levo em consideração o modo como alguém vai se sentir se não lhe dedicar a mesma atenção que dedico aos outros?

Olhe para mim

Paul, um de nossos clientes, encontrou sua consultora na lanchonete do escritório para um café. Ele logo envolveu-se numa animada conversa com ela. Falou-lhe sobre o seu trabalho e seus objetivos na carreira. Era uma pessoa interessante e positiva. No entanto, ao longo da conversa, ficava desviando o olhar da consultora. Olhava acima da cabeça dela ou em torno da sala, como se estivesse distraído. Susan começou a achar que Paul estava entediado ou mais interessado no que estava acontecendo na lanchonete do que nela. Teve dificuldade em realmente estabelecer contato com ele.

Mais tarde, quando a consultora perguntou se Paul tinha se distraído durante o encontro, ele disse que estivera totalmente concentrado na conversa e não tinha desejado transmitir essa impressão. Quando ela disse que ele tinha feito pouco contato visual, Paul afirmou que não notara isso. Não tinha a menor idéia de que estava emitindo um sinal de falta de interesse.

É algo básico. O contato pelos olhos é um claro indício de interesse. Normalmente olhamos as pessoas nos olhos na maior parte do tempo em que estamos falando com elas ou ouvindo-as, e isto é sinal de que estamos interessados, que somos sinceros e de que nos sentimos à vontade naquela situação. Quem desvia o olhar pode inadvertidamente estar enviando mensagens de falta de interesse ou até mesmo de falta de sinceridade.

OLHARES EVASIVOS

Como observamos, o contato pelos olhos sinaliza o seu interesse pelos outros. Mas que nível de contato visual é esperado e desejado? Quais as conseqüências de nos desviarmos da norma?

Pesquisadores investigaram essas questões e examinaram quais são os níveis de contato visual considerados típicos na relação face a face. Descobriu-se que a maioria das pessoas mantém esse contato em 40% ou 60% do tempo. Também estudaram o que acontece quando as pessoas ficam acima ou abaixo da norma. Os pesquisadores pediram aos participantes que realizassem uma rápida entrevista de oferta de emprego com voluntários. Estes tinham sido instruídos a manterem um alto nível de contato visual (90% do tempo), um nível normal (45 a 60%) ou um nível baixo de contato (10%) com os entrevistadores.

Os resultados mostraram que aqueles que tinham mantido um baixo nível de contato visual haviam deixado uma imagem negativa em vários aspectos. Causaram a impressão de serem mais superficiais, menos agradáveis em termos sociais e menos confiáveis do que os que tinham mantido contato visual em níveis médios ou altos. Curiosamente, manter um alto nível de contato visual não produzia uma impressão mais favorável do que a criada pelos que mantinham um nível normal.

Em outro estudo, pesquisadores descobriram que as pessoas são vistas de maneira mais positiva se lançam olhares atentos mais longos, porém com menor freqüência. Quando as pessoas lançam olhares mais curtos, mesmo que sejam mais freqüentes – o que se chama de "olhares evasivos" –, despertam menos simpatia.

Num primeiro encontro você parecerá mais interessante do ponto de vista social e mais simpático se mantiver contatos visuais em níveis normais e sustentar olhares atentos nos padrões habituais.

Temos trabalhado com pessoas bastante capazes profissionalmente e desenvoltas em termos de convivência social que nunca imaginaram que deixavam muito a desejar quanto ao contato visual.

Sabendo disso, você está em condições de controlar as mensagens que deseja emitir. Se deseja se afastar de uma pessoa, olhe menos para ela. Mas se quer demonstrar interesse ou atração pela pessoa, olhe de maneira concentrada por períodos mais longos, mesmo que seja *só por uma fração de segundo a mais* do que seria o normal. As pessoas, na maior parte, mostram-se intensamente conscientes de estar sendo olhadas e são capazes de sentir essa pequena diferença – captando a mensagem de que você gosta delas ou as considera interessantes. É claro que encarar continuamente ou estabelecer 100% de contato olho-no-olho, especialmente da parte de um homem, pode fazer com que as pessoas se sintam constrangidas ou ameaçadas.

Auto-avaliação

Mantenho contatos visuais em níveis abaixo da média? (Como isso é algo difícil de aferir por nós mesmos, você pode querer ouvir um amigo íntimo ou integrante da sua família para ter uma resposta.) Em geral sou eu que interrompo primeiro o contato visual? (Tente olhar para pessoas por um período de tempo um pouco maior do que faz habitualmente e observe se elas desviam o olhar primeiro.)

As maneiras como você verbaliza seu interesse

Você também manifesta seu interesse verbalmente através da maneira como se dirige às pessoas e pergunta, ou deixa de perguntar, coisas a respeito delas.

O que há num nome?

Já reparou como você é capaz de ouvir alguém mencionar seu nome no outro lado de um aposento, mesmo que esteja no meio de uma conversa? Psicólogos chamam isso de "o efeito coquetel". Podemos estar concentrados de tal forma numa conversa que bloqueamos qualquer outra informação vinda de fora. Mas algumas palavras – como os nossos próprios nomes – possuem o poder de penetrar através de nossos filtros perceptivos. De modo que, mesmo em meio ao burburinho de uma festa com seus drinques e conversas, ao ouvirmos nosso nome, nossa atenção é subitamente acionada.

Como seu nome tem um valor especial para você, ele capta seu interesse com maior facilidade do que outras palavras. Durante uma conversa, quando alguém usa o seu nome, você inconscientemente experimenta uma reação positiva. Da mesma forma, se num primeiro encontro você chama a outra pessoa pelo nome, ela pode inconscientemente ter um sentimento positivo e reagir de forma favorável a você. Dizer o nome do outro passa a mensagem de que você o ouviu com atenção suficiente para se importar, registrá-lo e se lembrar dele. Quantas vezes você já foi apresentado a alguém numa festa e esqueceu o nome da pessoa no instante seguinte? Isso ocorre quando não nos concentramos o suficiente para registrar a informação. Se for capaz de se lembrar do nome da pessoa e usá-lo uma ou duas vezes no seu primeiro encontro com ela, vai causar boa impressão. Talvez valha a pena até pedir que a pessoa o repita ou soletre.

No entanto, é preciso ter alguns cuidados. Usar repetidamente o nome da pessoa pode soar forçado e sugerir uma técnica de vendedor, especialmente numa conversa entre duas pessoas, em que deveria ser óbvio a quem você está se dirigindo. E fazer algum comentário sobre o nome de alguém, especialmente se é incomum, pode ser antipático, mesmo se você achar que seu comentário foi feito com a melhor das intenções. Não faça isso.

A arte de fazer perguntas

Lembram de David, o cliente que descrevemos anteriormente? Ele é um analista de Wall Street que contou à sua parceira Susan sobre o seu emprego, as aulas que estava tendo e o tema do trabalho que andava escrevendo. Sua conversa era informativa e estimulante. No entanto, após uma hora, David não tinha feito uma única pergunta sobre Susan, suas idéias ou opiniões.

Isso é o que chamamos de uma troca desequilibrada em termos de convívio social. Neste caso, Susan fez com que David se sentisse realizado ao demonstrar que o valorizava e compreendia. Susan, contudo, não usufruiu dos mesmos benefícios da parte de David e portanto teve uma experiência menos positiva. Ainda que pareça elementar, muitas vezes, no entusiasmo despertado por uma conversa, podemos esquecer de perguntar aos outros algo a respeito deles e dos seus pensamentos, mesmo quando estamos verdadeiramente interessados neles. E, como David aprendeu, isso pode fazer com que causemos uma impressão diferente da que desejamos.

Auto-avaliação

Ao fim de um primeiro encontro, eu termino a conversa sabendo tanto sobre a outra pessoa quanto ela ficou sabendo a meu respeito?

Algumas perguntas são melhores do que outras. David é um caso extremo. A maior parte das pessoas sabe que uma boa maneira de demonstrar interesse e conhecer os outros é fazer perguntas. Mas nem todas as perguntas causam o mesmo efeito. O tipo de pergunta que você faz e a forma de fazê-la irão determinar se você acabou estabelecendo um vínculo profundo ou apenas arranhando a superfície.

Vamos comparar algumas abordagens diferentes.

JUDY: O que você faz?

FRED: Trabalho para uma organização sem fins lucrativos.

JUDY: É mesmo, você gosta?

FRED: Gosto, sim.

JUDY: Há quanto tempo trabalha nisso?

FRED: Dois anos.

Judy mostrou interesse por Fred, mas como fez perguntas fechadas, que exigiam respostas curtas, perdeu a oportunidade de fazer com que Fred contasse mais sobre sua vida.

Imaginemos que a conversa fosse por um caminho diferente.

JUDY: O que você faz?

FRED: Trabalho para uma organização sem fins lucrativos.

JUDY: É mesmo? Que legal! Com que tipo de causas sua organização trabalha?

FRED: Bem, todo tipo de coisas. No momento estou envolvido num projeto que pesquisa questões ligadas à saúde nas ilhas do Pacífico. É um projeto muito importante para mim.

JUDY: Que interessante. Me fale mais da pesquisa. O que é que vocês descobriram?

Com perguntas fechadas obtemos apenas o que pedimos. No segundo diálogo, as perguntas abertas feitas por Judy permitiram que Fred se abrisse a respeito do seu trabalho e de muito mais.

Auto-avaliação

Costumo me limitar a trocar informações superficiais sem chegar a conhecer as pessoas num nível mais profundo? Ou faço perguntas abertas que estimulam os pensamentos, sentimentos e interesses das outras pessoas?

Uma seqüência de perguntas fechadas pode parecer um interrogatório. Descobrimos que as pessoas que agem assim são motivadas por uma autêntica curiosidade, mas apresentam suas perguntas no ritmo de uma metralhadora e geralmente na forma de perguntas fechadas. Mas a verdadeira marca registrada desse tipo de abordagem é o caráter unilateral do intercâmbio. É como um jogador que nunca passasse a bola.

STEPHEN: Onde você mora?
ELANA: Aqui em Nova York, no Upper West Side.
STEPHEN: Em que rua?
ELANA: Na 98.
STEPHEN: Gosta de lá?
ELANA: Sim, eu gosto.
STEPHEN: De onde é sua família?
ELANA: Eu cresci em Nova Jersey.
STEPHEN: Onde exatamente?
ELANA: Em Montclair.
STEPHEN: O que você faz?

Stephen bombardeou Elana com tantas perguntas que ela quase perdeu o fôlego. Sentiu-se como se estivesse sendo investigada.

Auto-avaliação

Costumo deixar que outros também conduzam o diálogo ou sugiram temas para a conversa? Costumo reparar quando interrompo as respostas dos outros com uma nova pergunta?

A falsa seqüência. Perguntas também podem ser usadas para fazer com que voltemos a ser o tema da conversa. De modo bastante dissimulado, a "falsa seqüência" transfere a conversa para uma área na qual podemos exibir alguma característica, experiência ou conhecimento excepcionais.

Linda, uma cliente entusiástica, nos forneceu um perfeito exemplo de falsa seqüência imposto ao seu parceiro. Linda perguntou a Nick o que ele gostava de fazer nos fins de semana. Nick explicou que costumava correr e que no momento estava se preparando para uma prova. Linda concordou com a cabeça e então contou que passava os seus sábados fazendo trabalho voluntário num clube para meninos. Prosseguiu dizendo que lia para meninos que apresentavam problemas na escola e que o fato de ajudar tantas crianças fazia com que ela se sentisse ótima.

Na avaliação, o consultor de Linda observou que era fantástico o fato de ela ter partilhado aquilo que lhe dava prazer. Mas também mostrou que, em vez de reagir ao que ele dissera que gostava de fazer (isto é, correr), ela emendou com uma informação sobre ela mesma. Linda admitiu então que tinha perguntado a Nick sobre os seus fins de semana apenas como uma deixa para poder falar sobre seu trabalho voluntário, algo de que sentia muito orgulho. Seu consultor ajudou-a a ver que, apesar de ela ter realmente passado a idéia de que era uma pessoa generosa, também emitiu algumas mensagens que não pretendia enviar, ou seja, de que não estava muito interessada no seu parceiro e no que ele estava fazendo.

Uma pessoa habilidosa usa perguntas abertas, que dêem aos outros espaço para partilhar suas experiências. Perguntas habilidosas suscitam sentimentos e opiniões, não apenas fatos, e dão seqüência às respostas dos outros para demonstrar interesse real e não puramente burocrático.

A arte de ouvir

O que você faz depois de formular a pergunta pode revelar ainda mais sobre você do que a própria pergunta que fez. Você demonstra o verdadeiro nível do seu interesse pela maneira com que escuta.

Tomemos o exemplo de Matt, um homem de negócios de ótima aparência e maneiras desenvoltas, que está participando de um workshop voltado para técnicas de liderança. Ele desejava muito participar do workshop, mas também estava preocupado com uma importante reunião sobre orçamento que teria mais tarde no mesmo dia e se, em conseqüência do resultado da reunião, seria capaz de montar o recital de dança da sua filha.

No primeiro encontro com sua consultora no workshop, ele cumprimentou-a e fez em seguida, por cortesia, algumas perguntas sobre sua formação e suas experiências. A consultora começou a contar algo a respeito de projetos anteriores em que tinha trabalhado para a companhia dele e mencionou que conhecia um dos colegas de Matt. Mas, antes mesmo de terminar sua segunda frase, ela viu que ele tinha um olhar fixo e que seu corpo conservava uma postura rígida. Matt deixara de ouvi-la e estava pensando na reunião sobre o orçamento. A consultora percebeu isso e sentiu que Matt realmente não estava interessado no que ela tinha a dizer. Sentindo-se um pouco constrangida, resumiu rapidamente sua resposta e em seguida perguntou a Matt a respeito dos seus projetos. Isso o trouxe de volta. Mas a consultora percebeu que, sempre que ela falava a seu próprio respeito, Matt assumia a aparência de um balão murcho.

Ouvir de verdade. Ouvir de maneira ativa é a diferença entre estar realmente presente e sinceramente sintonizado nas palavras e emoções da outra pessoa e ouvir uma mensagem gravada numa secretária eletrônica enquanto você checa seus e-mails. Às vezes, mesmo em meio a uma conversa ao vivo, você trata a outra pessoa como se ela fosse uma gravação e deixa sua mente divagar para outro assunto. Pode ser que você não note isso, mas os outros vão perceber. As pessoas se mostram muito suscetíveis em relação à atenção dos outros e sentem-se menosprezadas e até frustradas quando percebem que não são ouvidas ou compreendidas.

OUVINDO SEU INTERLOCUTOR

Mesmo que as pessoas não digam uma única palavra, você percebe como elas reagem a você fisicamente. E você provavelmente as avalia e gosta ou não delas baseado nas suas reações.

Psicólogos pediram a pessoas que participavam de uma experiência que durante cinco minutos falassem sobre assuntos neutros, como seus hobbies, enquanto alguém do sexo oposto observava e escutava. Os ouvintes agiam conforme instruções dos pesquisadores, olhando quem falava nos olhos, sorrindo e se inclinando em sua direção. Os psicólogos pediam então ao participante que avaliasse seu ouvinte em relação a uma série de aspectos, inclusive simpatia.

De um modo geral, os participantes gostaram mais dos ouvintes silenciosos que os olhavam, sorriam e se inclinavam na sua direção.

Então, mesmo sem dizer nada, o simples fato de olhar, sorrir e se inclinar na direção dos outros fará com que as pessoas gostem mais de você do que se tiver conservado o seu corpo numa postura neutra.

Administrando as interrupções mentais. Já constatamos em outros clientes o padrão de atenção exemplificado por Matt: uma capacidade que as pessoas têm de estar presentes apenas quando falam, mas ausentando-se mentalmente quando os outros se manifestam. Elas podem fazer perguntas e até gestos que aparentem interesse, mas na verdade não conseguem se concentrar no que o outro diz. E não fazem idéia de como a sua distração afeta quem está falando. Para a maioria das pessoas é difícil dedicar uma total atenção aos outros durante todo o tempo. Distrações e uma certa tendência das nossas mentes para divagar são fenômenos naturais e muitas vezes não dependem da nossa vontade.

Podemos não ser capazes de evitar esses períodos de distração, mas somos capazes de reagir a eles. Podemos fazer um esforço extra para ouvir com atenção uma pessoa quando a encontramos pela primeira vez. Ouvir de maneira distraída ou pensando em outra coisa é bastante prejudicial quando se trata da impressão inicial causada por alguém. Mesmo que você seja em geral uma pessoa que ouve com atenção, se se mostrar distraído ao encontrar alguém pela primeira vez, seu interlocutor concluirá que você não o considera particularmente interessante ou que você é uma pessoa egocêntrica.

Ah-hã. Se deseja mostrar que está de fato ouvindo intensamente alguém, o que pode fazer? Há algumas maneiras habituais de se demonstrar atenção: dizer lentamente "ah-hã", concordar com a cabeça, inclinar-se na direção da pessoa para captar todas as suas palavras, sorrir ou acompanhar com a expressão do rosto as emoções que estão sendo transmitidas e manter o contato visual. Estas atitudes enviam à pessoa que está falando um sinal de que você está ouvindo com atenção e interesse.

O falso ouvinte: Ah-hã, ah-hã, ah-hã. Da mesma forma que há falsas seqüências nos diálogos – perguntas formuladas apenas para fazer o foco da conversa voltar para quem está falando –, existe o falso ouvinte, também conhecido como o "esperando minha vez de falar". É o caso das pessoas que fingem estar ouvindo, quando na verdade estão só esperando uma deixa para falarem de seus próprios assuntos. Os falsos ouvintes às vezes tamborilam os dedos. Costumam mostrar os sinais habituais de quem está ouvindo – mas num ritmo acelerado. Por exemplo, se você diz "Ah-hã, ah-hã, ah-hã" ou balança a cabeça rapidamente quando alguém está falando, a impressão que transmite é de impaciência ou de desejo de intervir novamente na conversa. Você não passa a idéia de um interesse real.

William, que encontrou Bob durante a partida de basquete da qual seu filho participava, oferece um exemplo de um falso ouvinte em ação. Eis como se desenrolou parte da sua conversa:

BOB: Fui esquiar este fim de semana, a neve estava ótima, mas a temperatura estava um gelo! Tínhamos de voltar para o abrigo de vez em quando, só para ter certeza de que não íamos congelar.

WILLIAM (assentindo com a cabeça): Ah-hã, ah-hã, ah-hã, ah-hã...

BOB: Queria muito voltar no próximo fim de semana, mas não sei se vai valer a pena.

WILLIAM: É mesmo, ah-hã... Deixa eu te falar sobre o meu fim de semana... Meu filho e eu...

Bob então passou a ouvir o detalhado relato das peripécias de William e seu filho no fim de semana. Toda vez que Bob tentava voltar a falar, William concordava com a cabeça fazendo "ah-hã" com impaciência e, assim que podia, retomava seu assunto. Finalmente Bob deu uma desculpa e retirou-se. Sentiu que William não estava interessado nele.

A arte de responder

Agora que você sabe como fazer perguntas e como ouvir, o que faz quando está do outro lado da mesa? Há também uma arte na maneira como respondemos e reagimos. Quando as respostas são dadas de forma habilidosa, estabelecem um vínculo com a pessoa que fez a pergunta e satisfazem os seus interesses e expectativas.

Como vai você? Como vai você de verdade? Um de nossos clientes, Michael, nos contou uma conversa que teve com uma mulher, Fiona, que encontrou enquanto esperava o trem na volta de um feriado. Michael está na casa dos trinta, é solteiro e bastante desinibido. Sentiu-se atraído por Fiona e aproximou-se dela. Depois de comentarem o atraso do trem e discutirem sobre o melhor lugar para se comprar um sanduíche na estação, Michael perguntou a Fiona como tinha sido seu feriado. Fiona respondeu com entusiasmo: "Foi incrível! Fui para a casa dos meus pais na

Pensilvânia. Cheguei lá na véspera, à noite, e fiquei acordada até tarde com meu irmão e seus filhos jogando monopólio. Os garotos têm 10 e 12 anos, não, talvez um tenha 13 agora, é difícil dizer. Será que ele está na quinta série? De qualquer modo, eles não jogavam muito bem, mas deixamos o mais novo ganhar. Foi muito divertido. Então, no dia do feriado, ajudei meu pai a preparar um churrasco na grelha do quintal. Mas, nossa, estava muito, muito frio lá fora! Tinha de ficar correndo só para manter o sangue circulando nos meus dedos. Eram umas 12 pessoas para almoçar, gente da família e amigos..." Fiona continuou contando a Michael todos os detalhes do fim de semana.

Em resposta à pergunta de Michael, Fiona lhe deu muito mais informações do que ele esperava. *Muito mais*. Ainda que a princípio ele tivesse se interessado por ela, aos poucos foi se sentindo esmagado e irritado. Teve dificuldade em sugerir um outro tema e começou a procurar uma desculpa para escapar da conversa.

A maioria de nós sabe que quando alguém pergunta "Como vai você?", isso é um gesto de cortesia – especialmente com alguém a quem acabamos de conhecer. No fundo sabemos que o autor da pergunta não espera que contemos a história da nossa vida, nem que façamos uma longa explanação sobre como vamos *realmente*, mesmo que a pessoa pareça ter um sincero interesse por nós. Mas que espécie de resposta espera alguém que nos pergunta "Como foi de feriado"? Pode ser difícil avaliar. Em caso de dúvida, é melhor uma resposta mais breve, seguida de uma pergunta sobre o fim de semana do interlocutor. Michael teria ficado muito mais interessado em Fiona se ela tivesse resumido os elementos interessantes de seu fim de semana numa resposta sucinta. Mesmo com seus amigos próximos, evite incluir na conversa detalhes inúteis, tais como a idade dos sobrinhos que Fiona insistia em precisar.

Auto-avaliação

Quando me fazem uma pergunta, eu respondo expressando meus verdadeiros sentimentos e experiências, mas de forma breve? Procuro evitar descrições excessivas e me limitar às informações mais importantes e interessantes, de forma a não entediar ou sobrecarregar meu ouvinte?

Isso me lembra uma coisa que aconteceu comigo. Boas conversas proporcionam uma troca fluente de idéias e experiências. Quando estamos ouvindo os outros, naturalmente estabelecemos associações com experiências ou histórias relacionadas ao que está sendo contado. A essência do contato entre as pessoas é essa partilha que se dá nos dois sentidos. No entanto, esse intercâmbio pode ocorrer de forma desequilibrada se respondermos freqüentemente aos outros de maneira que faça a conversa se desviar novamente para o nosso lado. Não se trata de um desejo consciente de exibir nossas qualidades (como na falsa seqüência) ou de incapacidade para ouvir, mas de uma reação espontânea que transfere o foco para nós.

ALICIA: Então, Nigel, como foram suas férias?

NIGEL: Foram muito boas, acabei de voltar do Sudeste.

ALICIA: É mesmo? Estive no Grand Canyon há alguns anos. Foi fantástico! Um amigo e eu fizemos um passeio até o fundo do Canyon montando jumentos e acampamos lá. Então encontramos uns guias que nos disseram que...

Alicia caiu na armadilha do "isso me lembra uma história que aconteceu comigo". Ela fez uma pergunta a Nigel e ouviu sua resposta; mas a resposta fez com que ela se lembrasse de uma de suas próprias histórias, e Alicia não conseguiu resistir a contá-la. Ainda que Alicia achasse que tinha conseguido se conectar com Nigel, na verdade ela acabou dando a impressão de desinteresse e de ser uma pessoa autocentrada. Se tivesse contido o impulso de contar a sua história, perguntando antes mais detalhes da viagem de Nigel, teria enviado uma mensagem positiva, indicando o seu interesse. Depois, então, relataria sua experiência no Grand Canyon.

Auto-avaliação

Costumo dar aos outros a oportunidade de terminar suas histórias ou concluir uma idéia antes de começar a falar sobre minhas experiências associadas ao que foi dito?

ESTILO: A INTENSIDADE DO SEU INTERESSE

Com vimos, demonstramos interesse através da postura corporal e da forma como fazemos perguntas, ouvimos e reagimos. O seu estilo é algo que vai além deste processo – ele consiste na intensidade com que você demonstra seu interesse pelos outros.

Você é agressivo, passivo ou espontâneo na maneira como demonstra atenção em relação aos outros? Você mostra interesse de um modo exuberante ou tenta fazer isso de forma mais contida? Seu estilo provavelmente depende da situação e de que até que ponto você se sente à vontade na companhia da outra pessoa. Mas você também pode ter uma tendência natural a manifestar seu interesse de um modo mais aberto ou fechado.

Pecando pelo excesso: a abordagem unilateral

Um de nossos primeiros clientes, Sam, tem vinte e poucos anos e trabalha como representante de vendas de um laboratório farmacêutico. Ele nos contou que, apesar de encontrar muitas mulheres fantásticas, estava tendo dificuldade para dar início a um relacionamento mais sério. Num encontro simulado com Susan, ele se

MAIS A MEU RESPEITO: NARCISISMO NA CONVERSA

Às vezes falar muito sobre nós mesmos pode parecer natural e fazer com que nos sintamos bem. Mas cuidado. Se for longe demais, pode fazer com que as pessoas fujam em direção à saída mais próxima.

O que torna uma pessoa um narcisista na conversa? Os psicólogos identificaram alguns elementos básicos: tendência a contar vantagem, a fazer o foco da conversa recair predominantemente sobre si, falar em voz muito alta, formar muitas frases começadas por "Eu", contar longas histórias a seu respeito e exibir um olhar vago enquanto outros estão falando. Não é de surpreender que o narcisismo na conversa seja uma fórmula certa para despertar antipatia. Ele rompe a norma da reciprocidade.

O que as pessoas fazem quando são obrigadas a lidar com esse narcisismo? Pesquisas mostram que, ainda que algumas tentem mudar o assunto da conversa, a maioria costuma reagir de modo mais passivo. Elas demonstram falta de interesse e logo tentam arrumar uma maneira de abandonar o diálogo.

Então, se perceber que as pessoas estão se afastando de você e correndo até o bar em busca de um novo drinque no meio de uma de suas histórias auto-elogiosas, preste atenção. Você pode estar exagerando. Pode ser um indício de que chegou a hora de perguntar alguma coisa sobre o outro e tentar ouvir com interesse.

mantinha bastante focado nela. Inclinava-se na sua direção, sorria e a olhava nos olhos. Começou o encontro pedindo a Susan que contasse em detalhes como tinha sido o seu dia. Fez depois um monte de perguntas sobre os seus interesses e trabalho. Procurou saber sua opinião sobre os assuntos em destaque na política. Quis saber de que filmes ela gostava e que tipo de peças preferia. Ouviu atentamente, fez perguntas que abriam espaço para as respostas de Susan e fez comentários sobre suas idéias. Usou com freqüência o nome dela ao fazer comentários e perguntas. Susan sentiu-se lisonjeada pelo interesse de Sam e pela maneira como ele concentrava seu foco nela. A atenção com que Sam a ouvia era um elogio indireto que fazia com que ela se sentisse atraente e compreendida. No entanto, ao longo do encontro, Susan constatou que Sam perguntava muito a seu respeito, mas falava muito pouco sobre ele mesmo. Na verdade, ele nem lhe deu uma oportunidade para que perguntasse algo. A conversa se dava num único sentido.

Sam cumulou Susan de atenções e demonstrações de interesse. Apesar de ter provocado nela um efeito positivo, o fato de Sam não revelar nada sobre ele fez com que uma luz de alerta se acendesse na mente de Susan. Ela ficou imaginando se ele não seria uma pessoa reservada e incapaz de estabelecer uma verdadeira conexão com alguém. Também se perguntou sobre os reais motivos de ele lhe dedicar tanta atenção e pensou que talvez aquela fosse a postura que ele sempre assumia nos primeiros encontros, o que desvalorizava sua demonstração de interesse. Quando ela expressou estas hipóteses na sessão de avaliação, Sam explicou que sempre tenta atrair dessa forma as mulheres no primeiro encontro e até planeja com antecedência as perguntas que irá fazer. Mas ele não desconfiava que seu estilo fazia com que parecesse uma pessoa fechada ou calculista. Ele não percebia que suas atenções e perguntas constantes pareciam uma forma de controlar a conversa e de impedir a interlocutora de manifestar um interesse recíproco por ele.

Elogiar ou não elogiar

Muitos dos nossos clientes se perguntam se deveriam e como deveriam elogiar outras pessoas em situações sociais ou nos ambientes do mundo dos negócios. Isso é capaz de conquistar a simpatia ou pode enviar uma mensagem errada? De um modo geral, elogiar é uma coisa positiva e ajuda a criar uma boa impressão. Receber um cumprimento faz as pessoas se sentirem valorizadas e respeitadas, geralmente atraindo simpatia para aquele que fez o elogio.

No entanto, é preciso cuidado. De todas as qualidades pelas quais podemos elogiar alguém durante um primeiro encontro, aquelas que oferecem menos riscos são as realizações pessoais ou o talento da pessoa a quem estamos nos dirigindo. Percebemos que nossos clientes costumam se sentir orgulhosos do que realizaram e sentem-se bem falando sobre isso. Estilo e gosto também são bons tópicos. Descobrimos que as pessoas sentem-se mais à vontade reagindo a elogios sobre sua roupa ou estilo, que refletem uma escolha pessoal, do que a elogios sobre o seu corpo, a respeito do qual podem ser mais suscetíveis.

A maneira como os elogios são emitidos também é importante. Algumas pessoas não gostam de receber um elogio formulado de maneira excessivamente direta, como, por exemplo, "Você tem um corpo fantástico", porque isso força uma reação. A pessoa elogiada em geral tem duas opções: agradecer de forma educada ou negar com algum constrangimento, dizendo por exemplo "tenho quadris muito largos, não gosto deles". No entanto, elogios que favorecem o fluxo da conversa deixam as pessoas mais à vontade e abrem uma perspectiva para uma nova relação. Por exemplo: "Acho ótimo você praticar ioga, vejo que lhe tem feito muito bem." Neste caso, aquele que elogia oferece ao seu parceiro uma oportunidade para partilhar ainda mais seus interesses pessoais, prolongando assim o fluxo da conversa, em vez de interrompê-lo.

A ADULAÇÃO VAI LEVAR VOCÊ LONGE

Você está sendo objeto de adulação. O que sente em relação à pessoa que está bajulando?

Pesquisadores resolveram examinar essa questão. Num estudo, os participantes foram instruídos a ler descrições lisonjeiras tanto sobre eles mesmos quanto sobre outra pessoa. Foi dito a cada participante que a descrição tinha sido escrita por um "estranho" (outros participantes da pesquisa com quem não tinham se encontrado) com base nas informações que ele recebera a respeito daquela pessoa. Na verdade, todos receberam a mesma informação positiva, que não estava relacionada a nenhuma informação específica sobre eles.

A experiência revelou que o elogio dirigido a uma pessoa e comparando-a com outra provocava mais satisfação e simpatia em relação ao estranho. Isso acontecia independentemente dos motivos atribuídos ao estranho, mesmo que a descrição não correspondesse à imagem que o participante tinha de si mesmo. Além disso, se ele achava que, no futuro, poderia estar com o estranho, gostava ainda mais da pessoa.

Os participantes que receberam os elogios não consideraram o estranho falso ou fingido. Este fenômeno talvez aconteça porque a maior parte das pessoas psicologicamente saudáveis se têm em alta conta e acreditam que são acima da média em relação à maior parte das qualidades. A adulação, portanto, se ajusta bem a essa auto-imagem; faz sentido e é fácil de acreditar.

Os pesquisadores concluem que "pessoas gostam de quem as lisonjeia e tendem a acreditar na sua sinceridade, mesmo diante de fortes indícios que contrariam essa idéia".

Apostando na discrição: sem revelar interesse

Sam, o interessado representante de vendas de um laboratório farmacêutico descrito acima, é um cliente pouco comum da First Impressions. Muitos de nossos clientes apresentam um estilo oposto – hesitam em demonstrar algum interesse. Tendem a não concentrar seu foco nos outros de maneira muito nítida, a não fazer muitas perguntas e não se sentem à vontade verbalizando o interesse ou atração que sentem. Em vez disso, costumam falar de si mesmos e de temas mais objetivos, como os últimos acontecimentos ou assuntos ligados à cultura. Não demonstram muito interesse porque não querem parecer ávidos nem ficar vulneráveis a uma rejeição. Às vezes sentem-se intimidados pela força de alguém e não fazem perguntas nem demonstram maior interesse para não reforçar seus próprios sentimentos de inferioridade. Acabam fazendo dessa atitude um hábito. Num primeiro encontro, simplesmente não expressam muito interesse pelo outro, mesmo quando estão sinceramente curiosos a seu respeito.

Contudo, ainda que essa postura possa parecer "segura", ela apresenta algumas sérias desvantagens. De modo geral, existe grande reciprocidade no interesse que demonstramos. Se você mostra às pessoas que está interessado nelas, gosta delas e as respeita, serão maiores as chances de elas se sentirem do mesmo modo em relação a você. Portanto, se mostrar interesse por alguém, você terá mais chances de ser objeto do interesse dele ou dela.

Auto-avaliação

Eu me sinto à vontade expressando respeito e um interesse sincero por alguém a quem acabo de encontrar, mesmo que de algum modo me sinta inferior àquela pessoa?

A terceira via: interesse com confiança

Tomemos outra de nossas clientes, Amy, uma jovem professora que, num encontro simulado em um café de museu, conversa com um rapaz. Eis como se desenrolou uma parte do encontro:

AMY: E aí, Nick, o que você faz para se divertir?

NICK: Bem, meu hobby é mexer com câmeras de vídeo. Fiz alguns filmes com uns amigos e com minha família, só de brincadeira, nada sério.

AMY: Puxa, é verdade? Não conheço ninguém que tenha feito um filme, apesar de conhecer um monte de gente que tem câmeras de vídeo. Como é que decidiu fazer isso?

NICK: Humm, não me lembro bem. Mas tenho uns amigos que trabalham em teatro, e talvez eles tenham sugerido a idéia.

AMY: Você deve ser um cara criativo. Acho isso legal. Gostaria de ser mais criativa. Tenho um pouco de jeito para música, mas nunca explorei esse meu lado.

Nick se sentiu lisonjeado por ser reconhecido em seus esforços criativos. Amy mostrou um interesse sincero e elogiou Nick de um modo que o deixou à vontade para se abrir com ela e lhe contar um pouco mais a seu respeito. A maneira como Amy reagiu à sua resposta também abriu espaço para que ele transmitisse seu interesse por ela. Eles prosseguiram e mantiveram uma animada conversa sobre uma grande variedade de assuntos, estabelecendo facilmente uma conexão.

A exemplo de Amy, você tem muito a ganhar expressando um interesse sincero pelos outros. Isso faz com que as pessoas se sintam valorizadas, atraentes, compreendidas e inclinadas a se abrir e criar um vínculo com você. Se a manifestação de interesse for feita de modo sincero, são grandes as chances de provocar uma boa impressão. Ao demonstrar tão prontamente o seu interesse, Amy aparentou ter autoconfiança e se sentir à vontade consigo mesma, o que por sua vez a tornou mais simpática aos olhos de Nick.

"PUXAR SACO" NO TRABALHO

Há muitas maneiras de recorrer à bajulação no trabalho. Elas incluem a adulação, a modéstia (como, por exemplo, desculpar-se), fazer favores, concordar com as opiniões dos outros e a autopromoção. Pesquisadores examinaram a eficácia dessas técnicas sobre os subordinados, os pares e os superiores.

De modo geral, as descobertas mostram que todas essas técnicas realmente funcionam, pelo menos em alguma medida. Pessoas que recorrem a elas são vistas com maior simpatia e obtêm avaliações melhores. As técnicas funcionaram com todos, mas deram mais certo com os subordinados e com os pares do que com os superiores. Com estes, a técnica de maior sucesso foi a adulação, e a menos bem-sucedida, a autopromoção. Quando esta é praticada de maneira muito ostensiva e fica evidente que a pessoa visa a um objetivo óbvio, seu efeito é menor.

Você pode atrair maior simpatia e obter uma avaliação mais positiva se zelar pela sua imagem no trabalho. Apenas fique atento para o fato de que autopromover-se e mostrar um desejo óbvio de impressionar pode produzir efeito negativo. Especialmente se essa atitude é dirigida ao seu chefe. Lembre-se, moderação é a palavra-chave.

CONCLUINDO

Quando encontramos pessoas pela primeira vez, sabemos muito pouco sobre elas e fazemos suposições que podem ou não refletir a verdadeira identidade dessas pessoas. Demonstrar interesse em aprender algo a respeito delas e saber valorizar o que elas são provavelmente despertará um interesse recíproco e contribuirá para o estabelecimento de um vínculo.

Ao ler as tabelas seguintes, pense em como você expressa seu interesse pelos outros durante um primeiro encontro. Você tem consciência da maneira como demonstra sua atenção e interesse? Você é do tipo exuberante ou tímido? Que tipo de interesse expressa? Novamente, pense em cada comportamento e diga se você o adota normalmente, às vezes ou raramente.

ATITUDES QUE DEMONSTRAM INTERESSE POSITIVO				
Se você faz isso	*Você pode parecer*	*Eu faço isso*		
		Normalmente	Às vezes	Raramente
Inclina-se na direção da pessoa que está falando	Interessado, atraído, positivo			
Estabelece contato com os olhos	Interessado, atento			
Diz o nome da outra pessoa durante a conversa	Focado, ligado, atento			
Faz perguntas ao seu parceiro	Interessado, atraído			
Ouve atentamente	Não-autocentrado, envolvido, interessado			
Elogia ou expressa seu sincero respeito por alguém	Positivo, compreensivo, simpático			

MAL-ENTENDIDOS FREQÜENTES NA COMUNICAÇÃO					
Se você faz isso	*Você pensa que parece*	*Mas pode parecer*	*Eu faço isso*		
			Normalmente	Às vezes	Raramente
Ouve sem prestar atenção	Neutro	Desinteressado antipático, preocupado			
Fala de si mesmo sem fazer perguntas sobre a outra pessoa	Informativo, interessante	Autocentrado, rude, chato			
Controla a conversa fazendo muitas perguntas	Interessado, atraído	Fechado, controlado			
Faz perguntas para voltar a ser o centro da conversa	Interessado, conectado	Autocentrado, desinteressante			
Não demonstra atenção ou interesse	Discreto e confiante	Desinteressado, distante, frio			

Capítulo 6

Mudando de assunto: o tema das primeiras conversas

Agora você conhece os dois primeiros fundamentos das primeiras impressões: como atrair outras pessoas e demonstrar interesse por elas. E depois? Quando dá início a um diálogo com alguém, você pode estabelecer uma conversa interessante – em vez de um diálogo monótono. Como fazer isso? Colocando em prática o terceiro princípio básico da primeira impressão: falando de temas do mundo ao seu redor – sobre a vida, os últimos acontecimentos, cultura – e fazendo observações a respeito de tudo isso.

Quando você fala do mundo à sua volta, está oferecendo algo em termos de informação e reflexão. Está satisfazendo o interesse dos outros por novas idéias e perspectivas. Isso revela qualidades positivas *em você*. Quando compartilha e discute temas que o mobilizam, você dá a impressão de ser uma pessoa curiosa e comprometida com a vida. Se mostra ter pouca consciência e pequeno interesse pela vida e pelas idéias que circulam à sua volta, pode passar a impressão de ser uma pessoa chata ou autocentrada – ou ambos.

Mas mesmo uma pessoa antenada com o mundo e bem-informada pode tropeçar em sua primeira conversa com alguém. Todos nós já passamos por situações em que nos vimos pensando: "Sobre o que vou falar com essa pessoa? Devo falar sobre o tempo, sobre meu hobby de aeromodelismo, o preço da gasolina ou minha opinião sobre o controle de armas de fogo?" É claro que é fácil escolher assuntos para conversar quando estamos entre amigos; você conhece as coisas de que eles gostam de falar e provavelmente partilha muitos desses interesses. Mas, diante de pessoas até então desconhecidas, os dois são como duas folhas em branco. A única maneira de realmente vir a conhecer alguém é cruzar essa barreira e tentar explorar alguns assuntos.

Neste capítulo vamos examinar a maneira como você discute alguns temas objetivos – aqueles que falam do mundo à sua volta. Este tipo de conversa mostra como você processa a informação – em que medida você é analítico, criativo e aberto. Em contraste, examinaremos no Capítulo 7 o modo como discute temas subjetivos – informações pessoais e sentimentos –, pois ele reflete a maneira como você se apresenta no plano *emocional.*

Aqui examinaremos o processo, o estilo e o conteúdo do modo como você se apresenta intelectualmente. Vamos mostrar que a maneira como você fala sobre os assuntos acaba sendo mais importante do que aquilo sobre o que está falando. Você pode transformar uma fascinante questão de ética num tema tedioso se limitar-se a despejar em cima de alguém suas opiniões. Por outro lado, é possível fazer do seu hobby de aeromodelismo o tema de uma conversa estimulante se conseguir falar disso de modo divertido e cativante.

PROCESSO: A LOGÍSTICA DA DISCUSSÃO

Vamos começar pela logística. Ela é a ordem em que você traz os assuntos à baila, a maneira como apresenta e reage aos temas e como avalia o interesse dos outros pelos tópicos que suscita.

A ordem habitual

Existem algumas regras sobre a maneira de iniciar um diálogo. Na verdade há uma seqüência muito comum – quase um ritual – no modo como discutimos assuntos objetivos com alguém que acabamos de conhecer. Geralmente começamos com o que chamamos de "campo", depois passamos aos "fatos" e relaxamos com as "coisas divertidas". Se seguir esta seqüência, você terá mais chances de fazer com que os outros se sintam à vontade na sua companhia. E pode tornar mais fácil fazer uma conversa fluir do que se estiver um pouco perdido sobre como começar.

Nível 1. O campo: onde nós estamos

Temas iniciais numa conversa costumam tratar do lugar ou da situação em que nos encontramos – como chegamos até ali, o tempo, a localização –, como foi visto no Capítulo 4. É quase obrigatório mencionar algo sobre o lugar em que estão ou o tempo que está fazendo. Em seguida, sondar se as duas partes têm amigos comuns ou quaisquer outros vínculos. Envolver-se nesse ritual ajuda você a estabelecer boa conexão com o mundo dos outros e a sentir-se mais à vontade.

Nível 2. Os fatos: o que está acontecendo

Do que podem falar depois de terem trocado comentários sobre o tempo? Há um momento crítico, e às vezes constrangedor, no qual, depois de terem comentado sobre a chuva, um dos dois precisa propor outro assunto. Algumas conversas entre pessoas que acabaram de se conhecer parecem uma pescaria – você joga um assunto para ver se o seu parceiro de conversa "morde" a isca. E geralmente começamos com fatos: "Você soube que...?" Há um bom motivo para que seja assim. Os fatos são um tema seguro. Há pouco risco de ofender ou entrar em conflito com alguém.

Nível 3. As coisas divertidas: idéias e opiniões

Ainda que sejam seguros, fatos não costumam ser tão interessantes quanto idéias. Atitudes, idéias e opiniões são um prato muito mais saboroso. É a partir de conversas desse tipo que as pessoas muitas vezes decidem se vão ou não estabelecer um vínculo com alguém e se esse contato vai se transformar numa amizade. No entanto, idéias e opiniões são mais arriscadas do que fatos. Entrar no "espaço das idéias" apresenta o risco de trazer à tona diferenças em termos de valores. É por isso que as pessoas costumam começar pelos fatos e pelas brincadeiras para depois ficarem à vontade lidando com idéias.

ATITUDES QUE ATRAEM SIMPATIA

O que torna você simpático aos olhos de outra pessoa? Psicólogos discutiram muitos fatores, incluindo características físicas, disposição para cooperar e inteligência, entre muitas outras coisas. Uma descoberta importante é que as pessoas se sentem atraídas se você partilha com elas as mesmas atitudes em relação à vida – em assuntos como a maneira de criar os filhos, as leis sobre o auxílio-desemprego, o fumo e filmes estrangeiros.

Por que é assim? As pessoas que estão se conhecendo geralmente supõem que aqueles que têm valores semelhantes aos seus acabarão gostando delas. Então, se você concorda com alguém a respeito da pena de morte, por exemplo, essa pessoa parte do princípio de que você gostará mais dela do que se suas opiniões sobre o tema não coincidissem. Como ela supõe que você gosta dela, ela gosta de você.

Se deseja ter uma acolhida favorável, mostre aos outros quais são as atitudes que tem em comum com eles. Veja se consegue descobrir os pontos em que pode concordar. Lembre-se, todo mundo prefere ouvir "você está certo" do que "você está errado".

Variação de situação

É claro que nem todas as primeiras conversas seguem a ordem acima. Algumas situações oferecem a oportunidade de pular rapidamente para os temas do Nível 3 – as coisas divertidas. Por exemplo, quando você está num encontro organizado em torno de um interesse comum, como o conselho de alguma comunidade, uma feira de computadores, um grupo de praticantes de jogging, a tendência é saltar imediatamente para o Nível 3. Nessas situações, você já sabe que as pessoas ali têm interesses parecidos. Você pode começar a falar sobre um tema comum – por exemplo, novas leis de ocupação urbana ou rotinas de treinamento e as suas opiniões a respeito – e pular os passos intermediários. Se quiser conhecer melhor alguém em situações desse tipo, talvez tenha de começar conversando sobre o local onde se encontram ou sobre os últimos acontecimentos e então compartilhar alguma informação de tipo pessoal.

Jogando a linha: propondo assuntos para discussão

Independentemente da situação, é preferível mudar algum tópico da conversa do que não propor nenhum. Vejamos o caso de um de nossos clientes, Lenny, que encontrou sua consultora numa simulação de conversa numa noite de inverno. Eis como correu parte do diálogo:

SUSAN: E aí, Lenny, vai assistir à entrega do Oscar na semana que vem?

LENNY: Acho que não, não sou muito ligado em cinema.

SUSAN: Eu também não tenho visto muitos filmes, mas mesmo assim gosto de ver quem ganha e o que eles vestem.

LENNY (concordando com a cabeça): É, conheço uma porção de gente que vai assistir.

(Pausa)

SUSAN: Ah, você leu o jornal de domingo? Parece que uma crosta de gelo no Pólo se derreteu! Acho que essa história de aquecimento global é para valer.

LENNY: É mesmo? O que está havendo?

Susan foi em frente, explicou o que tinha lido, Lenny fez seu comentário, e ela tomou a iniciativa de apresentar outro tópico. Este padrão persistiu durante uma hora.

Na sessão em que avaliamos o encontro, Lenny disse ter gostado da conversa e achava que desempenhara o papel de uma pessoa atenta e envolvida nos assuntos. Disse que gosta especialmente de ficar com pessoas como Susan, que conhecem assuntos sobre os quais ele não possui muita informação. Sua consultora explicou que ainda que ele parecesse atento e interessado, ela sentiu o peso de ter que conduzir sozinha a conversa e ficou frustrada pela falta de uma contribuição da parte dele e também por não ser informada e entretida por Lenny.

Em geral, se você não acrescenta nenhum tema ou idéia a uma conversa, pode passar a impressão de ser uma pessoa sem graça, mesmo que tenha demonstrado atenção pelo assunto e se sentido participante.

CHATICE: UMA RECEITA

Infelizmente há muitas maneiras de ser chato.

Pesquisadores analisaram a chatice nas relações interpessoais pedindo a pessoas que escutassem várias conversas e atribuíssem notas a elas.

As descobertas mostram que as pessoas que se comportam de modo muito passivo e acrescentam muito pouca informação às conversas são vistas como mais chatas do que aquelas que contribuem mais, independentemente do conteúdo do que dizem. Esses comunicadores passivos que contribuem com pouco são vistos como socialmente inseguros e recebem menos simpatia do que aqueles que dão uma contribuição mais ativa.

Debater os temas propostos pelos outros e ter um ou dois assuntos para sugerir ajuda muito e mostra você sob uma luz positiva.

Ficar empacado

Eis a experiência de nosso amigo Jack, um homem na casa dos trinta que acaba de se mudar para Nova York vindo de Miami. O chefe de Jack tinha-o convidado para um jantar em sua casa. Jack esperava encontrar novas pessoas e se vestiu de modo a causar boa impressão. No jantar, Jack sentou-se ao lado de Vanessa, vizinha do seu chefe, uma mulher da mesma idade dele. Jack e Vanessa se apresentaram, disseram um ao outro quem eram, o que faziam e qual sua relação com o anfitrião. Então ocorreu um silêncio constrangedor. Jack perguntou a Vanessa o que ela estava achando da comida. Ela disse que estava deliciosa e que adorava peixe. Outro silêncio. Vanessa então lhe perguntou o que achava dos restaurantes de Nova York. Jack disse que só tinha tido oportunidade de experimentar alguns poucos e que certamente eram melhores do que os de Miami. Vanessa concordou. Depois da troca de mais alguns comentários sobre lugares onde se podia comprar peixe, Jack e Vanessa se viram olhando desesperadamente para o resto do grupo, ansiosos para serem arrastados para uma outra conversa.

Jack e Vanessa ficaram empacados no Nível 1, "o campo". Não conseguiram chegar ao Nível 2, "os fatos", e muito menos partilhar alguma coisa no Nível 3, "as coisas divertidas". O cenário estava pronto, mas eles não conseguiram passar ao ato seguinte.

Vocês provavelmente conhecem pessoas que parecem estar sempre cheias de informações e novidades estimulantes. É bom ter por perto esses geradores de assuntos. Parecem ter uma porção de temas saborosos na ponta da língua. Podem ser coisas vistas na TV, ou algo que leram ou ouviram alguém comentar. Mas também podem ser comentários e observações sobre as coisas do dia-a-dia. Eles têm habilidade para adaptar seus temas de conversa aos interesses de seus parceiros.

Saindo de um atoleiro

Se há alguma dificuldade de encontrar assunto, sempre se pode perguntar: "Você ouviu falar de....?" Ou: "O que acha de...?" Tanto Jack quanto Vanessa poderiam ter conduzido sua conversa a um outro nível se fizessem mais perguntas, especialmente sobre temas dos Níveis 2 e 3 – fatos e opiniões. Jack, por exemplo, poderia ter acrescentado: "Sou novo na cidade e não tenho acompanhado a política local. O que acha do último projeto do prefeito para...?" Ou Vanessa poderia ter perguntado: "Que tal era viver em Miami? O que você fazia lá?"

Auto-avaliação

Sou capaz de gerar assuntos para fazer uma conversa avançar além do seu estágio inicial? Tenho uma noção de quais os temas que podem ser interessantes para os outros? Consigo reanimar uma discussão quando necessário?

Mordendo a isca: reagindo aos temas

É claro que parte da conversa consiste em reagir aos temas propostos pelos outros. É ótimo quando temos alguma familiaridade com o assunto e partilhamos do interesse por ele.

Mas existem muitos assuntos sobre os quais não entendemos nada. Encontrar uma pessoa desconhecida traz esse benefício: aprender novas coisas e perceber novas perspectivas. Mas, mesmo assim, quando alguém apresenta um tema que desconhecemos, às vezes tememos parecer ignorantes e por isso mudamos de assunto ou não fazemos caso dele. Infelizmente, agindo assim você pode estar passando a imagem de uma pessoa grosseira, autocentrada e socialmente desastrada.

Eis, a seguir, uma parte da conversa ocorrida numa manhã de segunda-feira, ao lado da máquina de café, entre Rob e George, dois colegas de trabalho que ainda não se conheciam.

ROB: Tive um fim de semana daqueles. Com meus dois filhos treinando futebol e a família da minha mulher na cidade, fiquei arrasado! Queria ter tido mais tempo para relaxar.

GEORGE: Sei como é isso. Mas neste fim de semana fiquei doente e assim tive tempo para descansar e ver um pouco de TV. Na noite passada vi aquele documentário sobre Lincoln. Era muito bem feito. Nunca soube que...

ROB: É mesmo... Esse eu perdi... Mas eu me interesso mais por música. Estava assistindo a um vídeo sobre a era de ouro do jazz. Gosto muito desse tipo de música.

Rob, que sabe muito pouco sobre história, se sentiu inseguro enquanto George falava do documentário e ficou constrangido em revelar sua ignorância. Então mudou de tema. No entanto, aos olhos de George, Rob pareceu desajeitado, desinteressado e um pouco grosseiro. O comportamento de Rob foi o oposto de uma falsa seqüência, em que alguém estrategicamente muda de assunto para um tema em que pode se exibir. Estrategicamente, Rob desviou a conversa de um assunto que ele gostaria de *evitar*.

Você não precisa dominar muitos assuntos para deixar uma impressão favorável numa primeira conversa. É muito melhor demonstrar curiosidade sobre o que o outro está falando e fazer perguntas. A maior parte das pessoas pode até apreciar a oportunidade de lhe falar sobre um assunto de que gostam. Por exemplo, Rob poderia ter dito: "Eu não sei quase nada sobre Lincoln; o que o documentário mostrava?" Assim ele teria deixado uma impressão muito mais positiva. As pessoas o verão de modo mais positivo se você for sincero e se interessar pelo que elas estão falando.

Auto-avaliação

Como reajo quando os outros introduzem temas sobre os quais não tenho conhecimento? Tento aprender com eles ou tento manobrar a conversa para um assunto com o qual esteja mais familiarizado?

Temas de que você não gosta

Às vezes, no entanto, você encontra uma pessoa que coloca em discussão um tema do qual você entende alguma coisa, mas em que não está interessado. Quando alguém segue falando extensamente sobre um assunto que não lhe interessa, isso pode ser um verdadeiro teste para a sua paciência. Uma vez Ann viajou entre Boston e Dallas ao lado de um rapaz que trabalhava com equipamento de lavanderias. Quando ela lhe disse que entendia pouco do assunto, ele se pôs a explicar animada e detalhadamente em que consistia. Depois de 15 minutos de monólogo do rapaz, Ann pediu desculpas e disse que tinha um trabalho importante a fazer. Agarrou sua bolsa e encontrou outro lugar algumas fileiras atrás.

O rapaz tentara atrair Ann para uma conversa sobre seu assunto favorito querendo estabelecer uma relação, mas acabou causando uma impressão negativa e sendo considerado um chato. Talvez ele se sentisse inseguro ao lado de pessoas desconhecidas e por isso se agarrasse a temas com que estivesse familiarizado, apesar de ter interesses mais amplos. Mas Ann nunca chegou a descobrir isso. E ela provavelmente também não deixou uma primeira impressão muito boa, especialmente depois de sua saída repentina.

Ann não se importou com o que o rapaz pensou dela. Mas, supondo que ela quisesse deixar uma impressão positiva, o que poderia ter feito? Poderia tentar desviar a conversa para outro tema, e os dois talvez tivessem uma experiência mais prazerosa. Muitas vezes, mudar de assunto, apesar de não parecer muito educado, pode ser um grande favor que fazemos a nós mesmos e aos nossos interlocutores. Nós nos sentimos aliviados do tédio e eles têm a oportunidade de aprender alguma coisa nova e estabelecer algum vínculo conosco, em vez de serem rejeitados.

Vamos imaginar como poderia ter acontecido:

RAPAZ: ...só essa característica já faz uma diferença enorme no estado dos tecidos após a lavagem; em matéria de toalhas, a diferença é da água para o vinho.

ANN: Uau, parece que você entende um bocado de máquinas de lavar! Confesso que não passo muito tempo pensando nelas. Gosto muito de sair, sou louca por cinema. Vejo o máximo de filmes que posso. Você viu aquele...?

Ainda que não exista garantia alguma de que o rapaz fosse se interessar por cinema, ele talvez pudesse se dar conta de que estava limitando o tema da conversa dos dois. Poderia então ter feito um esforço para ouvir algo sobre os interesses de Ann. Mudar de assunto depois de ouvir alguém falar até à exaustão pode ser um ato de generosidade social.

Auto-avaliação

Quando não estou interessado num assunto, eu acabo me rendendo ao tédio e fujo dali, ou tomo a iniciativa de mudar de tema?

Bocejo

Às vezes, se está realmente apaixonado por algum assunto, você pode falar mais do que seria razoável. Por essa razão, em uma primeira conversa convém ser mais sucinto sobre seus temas favoritos e estar sempre de olho nos sinais oferecidos pela outra pessoa.

As melhores dicas vêm da linguagem corporal do seu parceiro de conversa. Se a outra pessoa fica olhando para o lado e parece distante, há grandes possibilidades de que ela esteja se entediando . Se perceber que isso está acontecendo, procure mudar de assunto ou faça uma pergunta. Comportamentos de quem está entediado, raramente são fingidos – eles geralmente refletem as verdadeiras emoções das pessoas.

Avaliando e encerrando

Para saber se seu interlocutor está interessado, você tem pelo menos duas opções. Diga, por exemplo: "Se você estiver realmente interessado, posso dar mais detalhes." É um bom método. Mas atenção: as pessoas, num primeiro encontro, podem não ficar à vontade para responder sinceramente se estão ou não interessadas. Podem responder "Sim, é claro, estou interessado..." só para serem gentis.

A melhor opção é ser sucinto, falar em linhas gerais e encerrar o assunto. O outro fica livre para ou mudar de assunto ou, se estiver realmente interessado, fazer mais perguntas. Ou então, ao encerrar o assunto, transferir o foco de interesse para o outro, fazendo-lhe uma pergunta. Lembre-se: cabe a quem está falando passar a conversa para o outro.

Auto-avaliação

Quando estou falando de um assunto que me entusiasma, cuido para falar de maneira sucinta e então passar a iniciativa da conversa para o outro? Dou aos outros liberdade para introduzir um tema diferente ou desenvolver algo a partir do que estou falando?

SEU ESTILO DE APRESENTAR UM TEMA

Até aqui tratamos da forma como você aborda os assuntos. Agora vamos voltar nossa atenção para o estilo que você adota ao discutir informações. O estilo determina para o outro se você é interativo ou unilateral, aberto ou fechado. Pense no seu comportamento: como é que você apresenta uma informação? Você diz "Fiquei sabendo de uma coisa interessante..." ou "Já pensei e concluí tudo a respeito disso que vou contar para você"?

O estilo cativante – "falando com"

Uma maneira simpática de discutir um assunto é tentar ser interativo: você joga alguns temas na mesa e reage aos que os outros estejam propondo. É uma troca entre iguais. Ninguém ali desempenha o papel do "apresentador" e ninguém é "platéia". Há uma diferença entre "falar com" e "falar para". As pessoas que falam *com* os outros e os escutam certamente causam uma impressão muito mais agradável do que aquelas que despejam *para* os outros suas certezas.

Isso pode parecer simples, mas muitas pessoas se afastam desse estilo – especialmente se estão nervosas durante um primeiro encontro.

SEGREDOS DE CONVERSADORES EXPERIENTES

Como você certamente já notou, algumas pessoas têm mais facilidade do que outras para conversar com estranhos. Por quê? Pesquisadores identificaram dois comportamentos básicos para um estilo eficaz numa conversa. O primeiro comportamento pode ser ativo: "Queria que ela se sentisse à vontade, então conversei sobre *seus* interesses." O segundo é reativo. Conversadores habilidosos têm uma alta sensibilidade em relação à situação e aos estilos dos outros, procurando sempre se adaptar, como, por exemplo, na seguinte atitude: "A pessoa parecia tímida, então decidi falar um pouco sobre mim." Dependendo de com quem está falando, você pode falar mais ou se manter mais calado, falar de forma mais lenta ou mais rápida, e assim por diante.

Pedindo uma platéia – "falando para"

Falar sobre o que interessa a você é uma parte normal das suas relações com a família e os amigos. Você pode chegar em casa e dizer à sua esposa: "Tenho de contar para você o que ouvi hoje..." ou "Acho que compreendi uma coisa..." e então explicar mais demoradamente algum caso ou pensamento.

No entanto, o mesmo comportamento não funciona tão bem com estranhos. Isso porque os primeiros encontros geralmente são breves, e quando você está predisposto "a falar" força os outros a assumirem uma posição de ouvir e "reagir". Quando as pessoas são obrigadas a desempenhar o papel de uma platéia na sua primeira conversa com você, podem ver a experiência como uma perda de tempo, um fardo ou a negação da oportunidade de interagir. Ser alvo de uma verdadeira conferência pode ser extremamente tedioso e encerrar a relação no primeiro encontro.

Há quatro maneiras de "falar para". Uma delas é assumir a postura do conferencista. Outra é contar histórias compridas e detalhadas sobre pessoas ou acontecimentos. Uma terceira consiste em "fazer sermão" para os outros, ou seja, tentar convencê-los do seu modo de pensar. E uma quarta maneira é emendar uma piada na outra, o que também reduz seu ouvinte ao papel de platéia.

"Falar para" – estilo 1: o circuito de conferências

Às vezes, devido a um desejo sincero de partilhar com os outros informações que consideramos interessantes, nós os soterramos sob uma montanha de dados. Ainda que você pense que nunca faz isso, temos visto que muita gente pode cair na armadilha da palestra, pelo menos ocasionalmente.

Tomemos o exemplo de um de nossos clientes, Jason, um bem-sucedido gerente numa grande empresa do ramo da tecnologia. No início da carreira, quando era apenas um novato representante de vendas, Jason teve um encontro com novos clientes de uma empresa. Quando Martin, diretor da área de finanças, comentou que estava se recuperando de um problema de coluna e fez alguns comentários amargos sobre sua experiência com os médicos, Jason, que tinha grande interesse por política de saúde, começou a discorrer sobre o assunto. Falou extensamente sobre "o problema da política de saúde na América". Sentados, Martin e os outros ouviram polidamente até o garçom os interromper para oferecer o café.

Fazer uma conferência é sempre uma experiência positiva para o conferencista. Jason sentiu-se o máximo e, cego pela satisfação consigo mesmo, achou que os outros pensavam o mesmo. No entanto, veio a descobrir depois que os clientes o acharam brilhante, mas também pedante e chato. Ligaram mais tarde para o gerente de Jason e pediram que fosse escolhido um outro representante de vendas para lidar com eles.

A tendência para a conferência: uma característica masculina

Descobrimos que os homens apresentam uma predisposição maior para "fazer conferências" do que as mulheres. E os homens tendem a assumir este papel mais com as mulheres do que com outros homens. Alguns desses "conferencistas" projetam uma atitude tipo "pode deixar que eu vou lhe explicar uma coisa importante". Esses homens mostram-se inconscientes do fato de que freqüentemente transformam os seus parceiros em vítimas das suas conversas – encurralando-os numa atitude passiva de ouvinte.

Uma marca registrada da "conferência" é o fato de fazer parecer que as informações pertencem exclusivamente àquele que fala. Jason apresentou as informações como o "seu" tratado sobre o problema do sistema de saúde, não como uma opinião formada a partir da leitura de certos artigos ou outras fontes. Você pode até pensar que está parecendo inteligente, mas na verdade pode parecer apenas pretensioso e egocêntrico. Por outro lado, quando menciona onde colheu aquela informação – "li um editorial no jornal que dizia..." – ou como formou aquela idéia – "vi uma coisa na TV e então pensei que..." –, você mostra ter uma mente aberta e uma avaliação mais modesta do seu próprio valor intelectual.

"Falar para" – estilo 2: contando uma história

Contar histórias longas e detalhadas é outra forma de "falar para". Contar histórias pode ser uma coisa boa, uma maneira fantástica de entreter e estabelecer vínculos com os outros. No entanto, contar uma história pode ser uma maneira de "falar para" se as histórias forem compridas, detalhadas e sobre pessoas que o seu parceiro de conversa não conhece. Como ocorre numa conferência, o ato de contar uma história assim não consegue abrir espaço para a participação do ouvinte e exige uma platéia.

Lembram de Michael e Fiona na estação de trem? Foi isso que aconteceu. Eis outro exemplo: Scott e Samantha se conheceram no churrasco na casa de um amigo comum. Eles começaram uma conversa da qual transcrevemos uma parte:

SCOTT: Oi, parece que te conheço. Acho que devo ter visto você na casa de Ted e Abby no último churrasco. Ted e eu somos velhos colegas de escola. Meu nome é Scott.

SAMANTHA: Oi, meu nome é Samantha. Nós moramos duas casas ali adiante, daqui dá para ver o nosso quintal, é aquela casa verde. A casa agora parece grande. Meu marido e eu vamos ficar sem nenhum filho morando conosco no ano que vem. Minha filha mais nova, Julie, vai para a faculdade.

SCOTT: Vai ser fantástico para ela.

SAMANTHA: Vai mesmo. E ela está pensando em se formar em economia. O que eu acho ótimo. Mas Julie não tem certeza sobre para onde quer ir. Ela acha que preferiria uma universidade pequena porque é uma moça tranqüila e tem receio de ficar perdida no meio de uma multidão. Meu sobrinho foi para a Universidade de Los Angeles, mas ela acha que não se sentiria à vontade lá...

SCOTT (olhando em volta): Bem, essa é uma decisão importante...

Samantha continuou a descrever com detalhes as opções que sua filha tinha pela frente até que Scott pediu desculpas e se afastou.

Scott nunca tinha encontrado a filha de Samantha e não estava interessado em ouvir tanto sobre aquele assunto e com tantos detalhes. Samantha não tinha consciência de que, ao contar sua história, estava forçando Scott a se sujeitar ao papel de mera platéia e passando a impressão de ser uma pessoa bastante chata e banal.

Num primeiro encontro, vale a seguinte regra geral: você vai se conectar com os outros com maior facilidade se fizer com que suas histórias sejam curtas e diretas.

"Falar para" – estilo 3: fazendo sermão

A terceira categoria da atitude de "falar para" é a postura de quem está fazendo um sermão – tentando convencer alguém a aceitar o seu modo de pensar. Consiste em dissertar detalhadamente sobre suas posições filosóficas, políticas, religiosas, suas opiniões, seus valores ou algum outro tema que se destine a catequizar o outro. Esses temas podem exercer um papel importante na sua vida e ser um excelente assunto para conversar com pessoas mais próximas. No entanto, certamente não causam boa impressão num primeiro encontro.

A marca registrada do sermão é que ele é feito com a intenção de convencer ou converter alguém. A mensagem implícita aqui é "você está errado e eu estou certo". O pregador está informando seu ouvinte, mas com o objetivo de empurrar sua própria visão, seus valores, posições políticas ou religião.

Pode ser um tema como os direitos dos animais ou a proteção contra os raios ultravioleta, que você gosta de colocar em discussão como um caminho para apresentar as suas posições. No entanto, os outros também têm as suas próprias visões de mundo e, em geral, costumam preferir ficar com aqueles que compartilham a mesma visão e não com os que as contrariam. Ainda que você não tenha que esconder os seus valores, avalie quais deles você considera vitais e se são importantes o bastante para serem discutidos num primeiro encontro. Lembre-se de que você geralmente deixa uma impressão melhor quando centra seu foco no esforço para compreender os valores das outras pessoas e tentar evitar convertê-las à sua maneira de pensar.

Auto-avaliação

Às vezes tento convencer as pessoas que acabei de encontrar das vantagens da minha filosofia de vida, meus valores, minha religião ou posição política? Costumo ser dogmático ao tratar de um assunto desses?

Cedendo nas suas convicções. Você pode discutir qualquer tema com um estranho, até mesmo assuntos sobre os quais tem uma posição bastante firme, e mesmo assim deixar uma impressão positiva se mostrar interesse pelas opiniões do outro e um desejo sincero de compreender outras maneiras de pensar. Ainda que tenha, por exemplo, convicções bastante sólidas em matéria de política, pode falar sobre o assunto, contanto que mostre um interesse autêntico pela opinião da outra pessoa. Uma maneira de saber se este esforço foi bem-sucedido é avaliar, ao fim de uma conversa com outra pessoa, se aprendemos algo sobre uma visão diferente, ou se nos sentimos frustrados por não conseguirmos influenciar alguém.

Auto-avaliação

Depois de interagir com pessoas novas que acabei de conhecer, eu me afasto daquelas pessoas tendo aprendido algo novo sobre algum assunto a respeito do qual tenho posições bastante definidas?

"Falar para" – estilo 4: contando piadas

Senso de humor e descontração são qualidades atraentes para se demonstrar numa primeira conversa. Elas melhoram o astral dos outros, deixam as pessoas à vontade e facilitam a conexão com elas. Resumindo, são coisas positivas. No entanto, contar piadas não causa boa impressão quando isso é feito de maneira unilateral, como quando o contador de piadas assume uma atitude de "falar para" o ouvinte, reduzindo-o a uma posição passiva de platéia.

Tomemos o exemplo de Greg, um homem agradável com trinta e poucos anos. Ele acompanhou um amigo a uma festa e ali encontrou duas mulheres atraentes pelas quais logo ficou interessado. Ele queria distraí-las e parecer espirituoso. Então, depois da troca inicial de palavras gentis, Greg começou a contar uma de suas piadas favoritas. No começo, as mulheres mostraram-se sinceramente encantadas, rindo das piadas, e apreciaram sua companhia. No entanto, à medida que Greg continuava, elas se viram reduzidas à condição de platéia e sentiram-se na obrigação de continuar a rir das piadas dele. É claro que algumas eram menos engraçadas do que outras, mas, para serem gentis, elas fingiram rir do mesmo jeito. Mesmo quando Greg lhes fez perguntas, ele repetidamente injetou uma dose de humor nos comentários, obrigando novamente suas novas conhecidas a acharem graça. Logo as mulheres se cansaram do papel de platéia e se afastaram, de modo um tanto abrupto, para conversar com outro convidado, deixando Greg perplexo. Ele acreditava que estava sendo engraçado e interessante.

Greg na verdade *estava* sendo engraçado. Mas seu senso de humor cruzou uma linha proibida quando ele assumiu o papel de showman, fazendo com que as moças fossem sua platéia. Ele poderia ter causado impressão muito melhor se tivesse apenas contado umas poucas piadas e passado em seguida para outras formas de tentar estabelecer uma conexão. Piadas oferecem também algum risco no contato com novos conhecidos. Como já devem ter notado, às vezes piadas ofendem as pessoas. O que uma pessoa acha hilariante, outras acham sem graça ou preconceituoso.

CONTEÚDO: O COMBUSTÍVEL DA CONVERSA

Agora que já examinamos o processo e o estilo de conversar sobre temas objetivos, vamos voltar nossa atenção para o conteúdo propriamente dito. É comum os clientes nos perguntarem sobre o que exatamente deveriam conversar com pessoas com quem se encontram pela primeira vez. A resposta é: quase qualquer assunto, desde que você o apresente de um modo interessante e que deixe seu interlocutor à vontade. Mas lembre-se de passar gradualmente do mais leve para o mais forte.

Ainda que existam poucos temas que estejam definitivamente excluídos quando você encontra alguém com quem tem algo em comum e com quem partilha alguns interesses, há alguns princípios básicos sobre o que sejam temas mais seguros e com menos chances de provocar algum constrangimento.

O simples e o relevante

Há alguns assuntos que são comuns num primeiro encontro. Como já dissemos, a situação imediata em que os dois se encontram – como o lugar e o tempo que está fazendo – é o ponto de partida. Depois, as pessoas geralmente passam a falar sobre o mundo à sua volta – como os últimos acontecimentos, casos que têm a ver com a sociedade e a política, esportes, TV, filmes e livros.

Auto-avaliação

Eu me dou ao trabalho de ler os jornais ou preparar alguns temas antes de enfrentar situações novas em que tenho receio de ficar sem assunto?

A vida cotidiana pode proporcionar material divertido para alimentar conversas com pessoas até então desconhecidas. São temas leves e agradáveis, desde que contados com senso de humor e sem excesso de detalhes.

Lembre-se também que a variedade é o tempero que dá sabor às primeiras impressões. Oscar Wilde disse: "Uma conversa deve tratar de tudo, mas não deve se concentrar em nada." Isso é especialmente válido para as primeiras conversas. Você pode revelar mais de si mesmo e aprender mais sobre os outros se fizer um esforço para falar sobre alguns poucos assuntos diferentes. Tivemos, por exemplo, um cliente que conversou sobre um novo filme, um torneio de tênis que estava sendo disputado e um romance que estava lendo. Ele mostrou-se estimulante, informativo e interessante.

Tenha cuidado, é claro, para não pular rápido demais de um tema para outro. Você quer dar ao seu parceiro de conversa tempo para refletir, reagir e relacionar aquele tema com o mundo dele. Abordar assuntos diferentes torna a conversa mais estimulante e suscita mais oportunidades para estabelecer vínculos com os outros.

O pesado e o banal

Alguns assuntos são menos adequados para uma primeira conversa. Eles se encontram nas categorias dos temas pesados ou banais.

Temas pesados

Temas pesados podem representar um verdadeiro campo minado numa primeira conversa. Ainda que sejam importantes, podem causar conflito. Religião e política são tópicos que só podem ser abordados aos poucos, à medida que conhecemos melhor o outro. Portanto, é melhor ir devagar nestes temas ou até mesmo evitá-los até conhecer melhor seu interlocutor. O mesmo vale para assuntos ligados a dinheiro.

Temas desse tipo podem tocar em valores pessoais importantes e despertar fortes reações. Quando alguém expressa uma opinião oposta, é como ouvi-lo dizer "Você está errado", o que nos leva, por puro reflexo, a ficar na defensiva. Por isso, tenha muito cuidado ao expressar até mesmo a opinião mais casual sobre um tema polêmico. Ashley, uma de nossas clientes, durante uma festa de casamento, comentou com um homem atraente que acabara de conhecer como achava os casamentos católicos terrivelmente longos e chatos. O homem era um católico praticante e ficou ofendido. Fim do encontro.

Falando de detalhes: o banal

Na outra ponta estão as banalidades. São coisas que interessam pouco os outros, como detalhes triviais do nosso dia-a-dia – o engarrafamento do qual você acabou de sair, as mudanças de orientação na firma em que você trabalha, as liquidações de supermercado, aquele chato do serviço de atendimento ao consumidor com quem teve de lidar há pouco, e coisas assim. Às vezes detalhes como esses mobilizaram você, mas são tediosos para a maioria das pessoas e podem ser fatais ao definir uma primeira impressão. Então, contenha-se.

Por exemplo, uma de nossas clientes, Mia, nos contou que encontrou no hall de seu edifício uma mulher que estava fazendo sua mudança para o prédio. Apresentaram-se e a mulher começou a falar com uma incrível quantidade de detalhes sobre a empresa de mudanças que contratara. Ainda que a mulher fosse simpática, Mia sentiu-se sufocada e entediada com aquela torrente de informações inúteis.

Auto-avaliação

Costumo iniciar conversas com a primeira coisa que me vem à cabeça, mesmo se for um detalhe absolutamente banal?

CONCLUINDO

Numa conversa, as coisas costumam dar errado devido a certas atitudes muito comuns. Uma armadilha em que as pessoas caem com freqüência é a atitude de "falar para", assumindo a postura de conferencista. Cuidado para não deixar seu interlocutor desempenhar o papel de platéia. Outras armadilhas consistem em puxar assuntos polêmicos ou falar apenas de banalidades.

Como você apresenta um assunto e passa de um tema para outro? Você se sente à vontade quando alguém emite uma opinião diferente da sua? Procura ouvir com respeito opiniões diferentes, achando que pode aprender algo com elas? Tem o cuidado de ser sucinto e não contar longas histórias cheias de detalhes? Se sentir que em geral domina o diálogo com suas próprias idéias, tente ouvir mais e verá os efeitos positivos.

Como fez nos capítulos anteriores, pense em cada comportamento seguindo as tabelas seguintes e avalie se adota essas atitudes normalmente, às vezes ou raramente.

ATITUDES POSITIVAS				
Se você faz isso	*Você pode parecer*	*Eu faço isso*		
		Normalmente	Às vezes	Raramente
Abre uma conversa falando sobre as circunstâncias imediatas e passa aos poucos a discutir idéias	Seguro de si, hábil socialmente			
Lança vários temas para discussão	Interessante, estimulante, bem-informado			
Demonstra interesse por assuntos sobre os quais sabe muito pouco	Confiante, aberto, curioso			
Fica atento ao interesse que os outros mostram pelos assuntos que você propõe	Flexível, aberto aos outros, consciente da relação social			
Fala sobre assuntos leves como os últimos acontecimentos e observações de fatos do dia-a-dia	Uma pessoa que não ameaça os outros, cativante			

PROBLEMAS DE COMUNICAÇÃO MAIS FREQÜENTES					
Se você faz isso	*Você pensa que parece*	*Mas pode parecer*	*Eu faço isso*		
			Normalmente	Às vezes	Raramente
Escuta, mas não acrescenta temas à conversa	Interessado, acolhedor	Chato, autocentrado			
Mantém seu foco num único assunto	Empolgado	Tedioso, autocentrado, sem curiosidade			
Profere uma palestra a respeito de um assunto que domina	Inteligente, interessante	Pretensioso, chato, maçante			
Põe temas em discussão com o objetivo de converter os outros à sua maneira de pensar	Esclarecido, inteligente, entusiasmado	Dogmático, rígido, controlador			
Domina a conversa recorrendo ao humor e a piadas	Interessante, animado, divertido	Maçante, exaustivo			
Fala de temas "pesados", como salários e religião	Empolgado, interessante	Insensível, ofensivo			
Fala sobre banalidades com excesso de detalhes	Empolgado, envolvido, informativo	Chato, tedioso			

Capítulo 7

Mostrando suas cartas: a auto-revelação

Além de falar sobre o mundo à sua volta, na maior parte das primeiras conversas você partilha algumas informações pessoais – suas experiências, sentimentos, sonhos ou desafios – que os outros não ficariam sabendo se você não lhes contasse. Enquanto a discussão de temas objetivos significa uma auto-apresentação em termos intelectuais, a auto-revelação equivale a uma apresentação de si mesmo em termos emocionais.

A auto-revelação possui muito poder. Revelar a si mesmo torna você mais interessante e simpático aos olhos dos outros e faz com que se sintam mais à vontade para se abrir. Você já se sentiu mais próximo de uma pessoa que lhe revelou um segredo sobre ela? Compreender o poder da auto-revelação pode ajudar você a controlar o ritmo dos seus relacionamentos. Se quer acelerar uma amizade, pode se abrir e partilhar um pouco mais sobre si mesmo. Se quer frear de algum modo um relacionamento, seja mais reservado.

Mesmo quando quer estabelecer uma conexão com alguém, revelando aspectos da sua vida e personalidade, tenha cuidado. Algumas perguntas sempre passam por nossa cabeça quando conhecemos alguém: o que devo dizer sobre mim? Devo esconder tal coisa? Vão me achar maluco se revelar aquilo? Em algumas ocasiões você pode ter medo de se expor, temendo ser visto sob uma luz negativa ou, pior, ser rejeitado. Outras vezes pode contar vantagem e abrir-se mais na esperança de ser aceito.

Auto-revelação é o quarto princípio básico da primeira impressão. Neste capítulo vamos expor em linhas gerais o processo, o estilo e o conteúdo da auto-revelação. O estilo está relacionado à maneira mais ativa ou passiva com que você se revela. Você se abre inteiramente ou espera que os outros se abram para então falar de si mesmo? O conteúdo são os dados específicos que você se dispõe a partilhar com os outros. Temos observado que a maior parte das pessoas se concentra em mostrar seus melhores aspectos e em esconder os menos positivos. No entanto, o modo como você se revela e o seu estilo na hora de partilhar as informações a seu respeito transmitem mais como e quem você é do que aquilo que está propriamente sendo revelado.

PROCESSO: COMO SE REVELAR

As conversas se desenrolam de muitas maneiras e freqüentemente seguem um trajeto tortuoso, indo do pessoal para o impessoal e fazendo o caminho de volta.

O aquecimento

Temos um período de "aquecimento" para a forma como partilhamos informações de natureza pessoal. Geralmente a coisa se dá quase como um ritual: falamos sobre como nos sentimos nas circunstâncias imediatas, onde moramos, como ganhamos a vida e de onde viemos. Essas são as coisas comuns e básicas que partilhamos na maior parte das conversas com novas pessoas.

Pode ser que não sinta muito orgulho do lugar onde nasceu ou do seu trabalho, mas, quando se expressa de um jeito honesto e positivo, os outros o consideram uma pessoa simpática. Demonstrar algum senso de humor a seu respeito pode ajudar a quebrar o gelo. Se você, por exemplo, não tem muito orgulho do seu emprego na área de telemarketing, conte do que gosta nesse trabalho, como "Ouço coisas divertidíssimas nas conversas que acabo tendo com as pessoas!". Ou, se está tendo de morar com seus sogros por um tempo, pode dizer "É que nem naquele seriado da TV, *A grande família*". Se procura disfarçar ou ocultar essas informações no período de "aquecimento", talvez as pessoas pensem que você não se sente bem consigo mesmo ou que está escondendo alguma coisa. As pessoas podem imaginar uma realidade bem pior do que a que você reluta em revelar.

Russel nos procurou para que o ajudássemos nos seus relacionamentos com mulheres. Russel é bastante ativo, tem hobbies interessantes, veleja e participa de competições esportivas. É espirituoso e passa a impressão de ser inteligente e divertido. Mas descobrimos que ele também é bastante evasivo.

Durante o encontro, Susan perguntou a Russel o que ele fazia para viver. De modo um tanto brusco, Russel deixou a pergunta de lado, apressando-se em mudar de assunto e deixando Susan perplexa. Tiveram uma conversa muito agradável sobre iatismo, mas Susan começou a suspeitar que Russel estava escondendo alguma coisa. Ela até se pegou imaginando se Russel não estaria mentindo sobre alguns de seus hobbies. Quando avaliamos o encontro, Russel admitiu que largara o emprego depois de ter recebido uma herança. Em vez de ser direto e dizer que não estava trabalhando, Russel acabou prejudicando a imagem de sinceridade que até então projetara. Então, se você, como Russel, se mostrar evasivo sobre essas primeiras revelações, pode transmitir a impressão de estar mentindo.

Auto-avaliação

Eu me sinto à vontade ao falar sobre onde vivo, minha profissão e minhas origens? Existe alguma questão básica sobre a minha pessoa que evito revelar ou que distorço de maneira significativa?

Seguindo as regras

A maioria de nós tem consciência desse ritual de "aquecimento" e, pelo menos inconscientemente, seguimos suas regras. Oferecemos e pedimos informações básicas. E por uma boa razão: ao fazer isso, estamos enviando a mensagem "Eu não ofereço riscos. Está tudo bem comigo". É uma maneira conveniente de preparar o terreno para uma relação mais significativa e a base sobre a qual o resto do relacionamento pode ser construído.

É claro que esse ritual pelo qual travamos um primeiro contato não segue um roteiro rígido. Cada conversa tem a sua própria ordem e sua maneira de fluir. Mas é bom obedecer a esses primeiros passos de auto-revelação para não atropelar a outra pessoa ou parecer invasor. Em ambos os casos as pessoas se sentirão pouco à vontade.

Tomemos o exemplo de Betty, uma escritora de Nova Jersey. Eis como teve início seu primeiro encontro com Nick:

Nick marcou o encontro com Betty num café. Ao chegar, sorriu e se apresentou, desculpando-se por estar atrasado. Betty respondeu: "Não tem importância, eu fiquei lendo o jornal. Tem um artigo aqui sobre política mexicana que me interessa especialmente porque passei um tempo lá depois de sair da faculdade. É um lugar incrível e ainda guardo muitas lembranças de lá. Uma vez encontrei com um assessor do presidente..."

Betty foi em frente, falando sobre suas experiências na Cidade do México. No entanto, Nick se sentiu pouco à vontade durante a maior parte do tempo. Ele se viu atirado numa conversa de grande intensidade antes que Betty dissesse qualquer coisa sobre si mesma e sem saber aonde aquela conversa os levaria. Nick achou Betty interessante, mas também um pouco autocentrada. Seu constrangimento era provocado pelo fato de ela ter violado as regras do ritual do primeiro contato.

Auto-avaliação

Faço com que os outros se sintam à vontade trocando algumas informações comuns e que não oferecem risco – de onde sou, o que faço – antes de passar para assuntos que são de meu interesse pessoal?

Jogando suas cartas

Então, o que vem depois do ritual de abertura? Como fazer a conversa passar para o próximo estágio?

Apesar de existirem poucas regras rígidas sobre o que é ou não apropriado para ser revelado a seu respeito, é importante compreender a importância de partilhar pelo menos alguma informação de tipo pessoal – suas origens, experiências, sentimentos ou sonhos. Fazer isso traz um enorme retorno – faz com que você pareça mais simpático e abre o canal para que uma conexão seja estabelecida. Se quer conhecer alguém melhor, pode revelar mais sobre você e ampliar este canal.

Alison nos falou do encontro com Lena num leilão beneficente. Depois de começarem a conversar, Lena contou a Alison o quanto gostava de antiguidades e que alimentava a fantasia de um dia largar seu emprego no ramo de seguros para abrir um antiquário. Mas seu marido não gostava da idéia, era um tipo mais conservador que privilegiava o lado prático das coisas. Ao ouvir isso, Alison sentiu-se mais próxima de Lena e lhe confessou que também pensava em mudar de ritmo de vida depois de trabalhar no mesmo ramo durante dez anos. As duas trocaram as fantasias que faziam sobre possíveis novos empregos, informações sobre estilos de vida e falaram sobre suas experiências pessoais. Um vínculo foi criado entre elas e acabaram se tornando amigas.

Tenha consciência de que ao se mostrar reservado e revelar pouco sobre si mesmo, as outras pessoas terão mais dificuldade em se relacionar com você e o canal de conexão será limitado. É claro que você pode optar por fazer exatamente isso, se sua intenção for impor um limite no relacionamento com alguém. Por outro lado, revelar muito mais aos outros do que eles por sua vez o fazem pode deixá-los constrangidos.

PARTILHAR E SIMPATIZAR

É um fato inegável que quando você divide uma informação pessoal com alguém isso muda a maneira como essa pessoa se sente em relação a você. Mas como isso se dá?

A maior parte das pessoas entende que qualquer auto-revelação tem um sentido especial. Ela significa: "Eu confio em você, dou importância ao seu ponto de vista e gostaria de me sentir mais próximo de você." Em geral, as auto-revelações estimulam uma simpatia recíproca. Pesquisadores concluíram que pessoas que revelam mais sobre si mesmas são vistas com mais simpatia do que as que revelam menos.

Quando você passa uma informação pessoal para alguém, isso também muda o modo como você se sente em relação àquela pessoa. Você passa a gostar mais dela por ter lhe revelado algo a seu respeito.

Ajustando suas mensagens: o striptease da auto-revelação

Você provavelmente lembra de uma situação constrangedora em que revelou algo a seu respeito e obteve uma reação indiferente do seu parceiro. Você se sentiu exposto. É quando, por exemplo, você se queixa de que não vê sua família com muita freqüência, e o outro responde apenas com um "Ah". Por outro lado, poderia ser igualmente constrangedor se a reação do outro fosse: "É isso aí. Eu mesmo não vejo minha mãe há dez anos. Ela é uma pessoa horrível e nunca a perdoei pelo jeito com que me tratava quando eu era criança." Isso é mais ou menos como ficar de repente só com as roupas de baixo, deixando sem jeito a pessoa a quem acabou de conhecer. As pessoas sentem-se mais à vontade quando ambas alcançam um equilíbrio no ritmo com que revelam informações pessoais.

Auto-avaliação

Costumo prestar atenção para ver se as pessoas estão ou não à vontade ao se abrirem e então tento ajustar o nível da minha auto-revelação àquele que elas estão adotando?

O ESTILO DA AUTO-REVELAÇÃO: DICAS PARA AS SUAS NECESSIDADES EMOCIONAIS

Até aqui vimos o processo de auto-revelação: o ritual de abertura de uma conversa, assim como a partilha e o equilíbrio de parte a parte nessas revelações. No entanto, cada um de nós tem um estilo para revelar as coisas. O seu estilo é definido pela maneira como se revela: até que ponto é direto e espontâneo e em que medida desce a detalhes a seu respeito. Temos constatado que, na avaliação que fazem dos outros, as pessoas dão alto valor à forma. As pessoas partem do princípio de que o seu estilo de se auto-revelar representa seu estado emocional e as suas necessidades, e que isso ajuda a prever como você vai se comportar numa amizade ou num relacionamento.

Algumas pessoas mostram-se bastante conscientes do seu estilo de se auto-revelar, mas outras parecem não ter a menor consciência de que o possuem. Mas todos nós temos um estilo de nos revelarmos. Vamos examinar algumas das formas mais cativantes ou antipáticas em termos de estilo.

Deixe que você seja descoberto

Dana, uma de nossas clientes, nos contou a respeito de um novo colega, Victor, que ela tinha encontrado numa festa da empresa. Eles estavam no bar, esperando para pedir seus drinques. Victor fez um comentário sobre os quadros espalhados pelo restaurante e perguntou a opinião de Dana, querendo saber algo sobre o gosto da colega em matéria de arte. Em seguida fez novas perguntas sobre coisas que eram do interesse pessoal dela. Dana achou agradável conversar com Victor e também fez perguntas a seu respeito – se tinha algum interesse especial ou algum hobby artístico. Victor explicou que era escultor e passava os fins de semana no seu estúdio. Dana se interessou e fez mais perguntas. Ele contou que, apesar de não ganhar a vida com aquilo, tinha vendido várias esculturas. Havia até exposto recentemente.

Você já descobriu alguma coisa interessante sobre alguém graças a uma pergunta casual? É muito melhor do que quando a informação é apresentada diretamente. Victor mostrou ter confiança e um certo charme ao fazer perguntas a Dana e, em seguida, ao dividir com ela, com toda naturalidade, informações a seu respeito. Dana também observou que Victor não interrompeu a conversa deles sobre arte para falar do seu próprio talento. Ao fim da conversa, Dana ficou com a impressão de que Victor era alguém que ela gostaria de conhecer melhor.

Um roteiro para a auto-revelação

É normal que destaquemos nossas melhores qualidades – como generosidade, sucesso financeiro ou popularidade – quando encontramos alguém pela primeira vez. No entanto, nem todo mundo age com tanta naturalidade quanto Victor. Às vezes levamos um pouco longe demais o desejo de apregoar nossas qualidades. Temos uma lista de fatos sobre nós mesmos que gostaríamos que os outros soubessem. Há milhares de técnicas pelas quais fazemos isso. Às vezes nos vangloriamos abertamente, ou contamos vantagem discretamente, ou ainda deslocamos a conversa para um campo onde podemos exibir algum aspecto que nos interessa.

Contar vantagem: os rituais

Inserir numa conversa informações positivas sobre si mesmo é comumente chamado de "contar vantagem". Como fazer isso descaradamente pode cair mal, as pessoas desenvolvem técnicas para apresentar de maneira mais sutil esses fatos marcantes. Existe, por exemplo, a técnica muito usada de salpicar a conversa com nomes de pessoas famosas e bem-sucedidas que conhecemos. Há também a técnica das "credenciais", como quando mencionamos o alto grau da nossa formação ou o restaurante caro onde jantamos. Ou ainda quando falamos de um cumprimento que recebemos, como "meu cliente me disse que sou a pessoa mais criativa com quem já trabalhou". Essas coisas são ditas com a intenção de fazer com que pareçamos mais importantes ou interessantes, mas muitas vezes fazem com que passemos a imagem de pessoas pretensiosas, gabolas ou mesmo arrogantes.

Auto-avaliação

Tenho uma espécie de roteiro para a auto-revelação? Há fatos específicos a meu respeito que sempre tento empurrar nas conversas?

Um primeiro encontro com um novo chefe ou cliente é uma situação na qual muitas pessoas têm interesses específicos a defender. Ainda assim, mesmo nas relações mais casuais – sejam sociais ou de negócios –, a maioria tem uma espécie de programa em termos de auto-revelação. Nele definimos quais são as informações que temos interesse em transmitir. E é claro que seu interlocutor pode ficar impressionado com o fato de você ter um Audi ou ocupar um cargo importante. Mas também pode chegar à conclusão de que você é vaidoso e pretensioso. Ou pode pressentir que você se sente inseguro sobre o seu real valor e tem necessidade de impressionar os outros.

Aliás: o estilo dos parênteses

Às vezes aquilo que você quer revelar para o outro pode aparecer em comentários feitos "entre parênteses". Eles parecem ter uma relação com a conversa, mas foram inseridos principalmente para dizer alguma coisa a seu respeito. Alexandra era uma especialista nesse estilo.

BRANDON: E aí, o que você fez hoje?

ALEXANDRA: Saí para comprar um presente de aniversário para minha irmã. *Tive que ir com o Audi, porque o Mercedes estava na oficina.* Comprei para ela uma suéter de caxemira – *acho que é a única lã que vale a pena usar.*

BRANDON: Parece ótimo; tenho certeza de que ela vai gostar.

ALEXANDRA: Espero que sim. E vou preparar um jantar para ela e os meus pais este fim de semana. Estou pensando em fazer salmão com aspargos e ervilhas – *não comeria nada que não fosse realmente fresco e saudável.*

MEU AMIGO CERTA VEZ ESTEVE COM A MADONNA

Pesquisadores estudaram as maneiras pelas quais as pessoas tentam capitalizar o fato de conhecerem pessoas famosas. Descobriram que elas mencionam ligações com nomes de sucesso como um modo de se enaltecerem. Mas, ao mesmo tempo, elas compreendem que vangloriar-se grosseiramente pode fazer com que pareçam falsas ou antipáticas. Então elas inserem essas informações no meio das frases, como se fosse por acaso, ou falam delas como se fossem naturais.

Mas uma coisa é clara: se alguém começa a citar um monte de nomes famosos é porque está tentando impressionar você.

Se você reparar, as informações que Alexandra deu "entre parênteses" comunicavam detalhes que não eram importantes. Não havia necessidade de especificar as marcas dos carros, o fato de só valorizar a caxemira ou a comida que ia ser servida. Então, quando você se pegar compartilhando com ar casual algum detalhe específico mas irrelevante a respeito da sua vida, pode estar – sem querer – tentando desesperadamente impressionar alguém.

Auto-avaliação

Quando estou revelando alguma informação a meu respeito, costumo esperar que me perguntem antes de sair anunciando detalhes que têm o objetivo de impressionar?

O modo como você apresenta informações a seu respeito pode lhe parecer sutil, mas passa mensagens bem nítidas sobre a imagem que você faz de si mesmo. Você causará uma impressão muito melhor se deixar que os outros perguntem o que querem saber.

O CONTEÚDO É IMPORTANTE: O QUE COMPARTILHAR

Agora que você já compreende o processo de revelação e seus elementos estratégicos, vamos falar do conteúdo. Exatamente o que você deveria se dispor a compartilhar sobre si mesmo? Não há nenhuma regra específica sobre o que partilhar num primeiro encontro. Até mesmo as histórias mais extravagantes podem ser adequadas numa primeira conversa se alguém trouxer à tona aquele tipo de assunto, mostrar um real interesse e extrair essa informação de você. Mas, cuidado, não entre em excesso de detalhes.

Paixões são positivas

O rosto de Beth se ilumina quando ela descreve seu amor pela música latina. O entusiasmo de Robert por seu trabalho como policial é contagiante. Louisa adora falar do seu cachorro. Paixões de natureza pessoal sempre atraem simpatia. Falar de aspectos de sua vida sobre os quais você manifesta paixão – seja seu trabalho, seu gosto por correr ou o prazer que lhe dão os filmes de terror – geralmente passa mensagens muito positivas. Sua linguagem corporal – os gestos, o sorriso e as risadas – desperta simpatia e é contagiante. Ao partilhar suas paixões, você também está comunicando que é uma pessoa divertida e capaz de ser responsável pela sua própria felicidade e bem-estar. Essas são características que os outros acham agradáveis. Mais uma vez, cuidado: não se alongue nos detalhes e interesse-se pelas paixões do interlocutor.

Mancadas podem ser sexy

Por incrível que pareça, mostrar nossas vulnerabilidades também pode ter seu efeito. Compartilhar uma fraqueza ou uma gafe que cometemos, sempre vistas com senso de humor, é uma boa maneira de construir um vínculo com alguém. Deixa os outros à vontade e faz com que se sintam melhores ao seu lado. Eles podem até equilibrar a conversa, revelando seus próprios pontos vulneráveis e aprofundando a conexão que os dois estabeleceram.

Nosso cliente Tommy é um bom exemplo. Quando seu consultor lhe perguntou sobre o seu emprego, Tommy explicou: “Realmente gosto muito do que faço e adoro as pessoas que trabalham comigo. Isso é uma grande conquista porque eu nunca soube ser muito político com meus colegas de trabalho. Consegui até ser demitido do meu primeiro emprego!” Contou isso rindo. A consultora também riu e então contou para ele algo sobre as suas próprias dificuldades no trabalho. “Sei o que você quer dizer. Uma vez enfrentei uma reação horrível quando decidi dizer ao meu chefe tudo o que ele estava fazendo de errado. Mas aprendi uma coisa: nunca mais repeti isso!”

Ao compartilhar o seu pequeno revés, Tommy imediatamente deixou a consultora à vontade. Ao não se levar muito a sério, ele transmitiu a sensação de que se sente satisfeito consigo mesmo. Paradoxalmente, mostrar uma pequena fraqueza faz você parecer mais forte, confiante e muito humano. Além do mais, aumentará as chances de que a outra pessoa também se abra.

Auto-avaliação

Com que freqüência revelo gafes ou pequenos fiascos a pessoas que acabei de conhecer? Faço isso com bom humor?

O outro lado da moeda são as revelações "pesadas" que emitem vibrações negativas. Entre estas estão reclamações sobre o dia-a-dia e lamúrias.

Partilhar coisas demais pode ter um custo

Um cliente, Harold, exagerou ao tentar compartilhar informações negativas com a mulher com quem tinha marcado um encontro. Ele respondeu a Susan, que tinha perguntado sobre o seu dia: "Acabei de receber o resultado de alguns exames!" Explicou que tinha câncer na próstata, mas que na consulta médica naquele dia tinha sabido que os resultados eram melhores do que o esperado e que parecia que ele conseguiria superar aquilo. Susan deu seu apoio dizendo o quanto ele devia ter se sentido aliviado.

Na sessão de avaliação, a consultora perguntou como Harold se sentira ao partilhar aquela informação. Ele lhe disse que tivera vontade de compartilhar as boas notícias achando que poderia ser uma ótima maneira de estabelecer um vínculo com Susan. Infelizmente, as notícias não tiveram efeito positivo. Apesar de ter ficado sinceramente feliz por ele, Susan se sentiu inibida. Depois de ouvir uma notícia daquelas, teve dificuldade em falar sobre seu trabalho ou os filmes que tinha visto, achando que pareceriam absolutamente triviais e soariam quase como um insulto. Apesar de Harold ser um sujeito muito interessante, a principal impressão que Susan guardou foi a de "um homem que estava se recuperando de um câncer".

RESPEITO OU RELACIONAMENTO

Quando se trata de falar de si mesmos, homens e mulheres têm atitudes diferentes. Os homens tendem a partilhar histórias sobre seu trabalho e suas finanças. As mulheres, de um modo geral, falam sobre seus sentimentos e sobre assuntos pessoais.

As metas de homens e mulheres são diferentes. Enquanto os homens anseiam por respeito, as mulheres querem relacionamento. No entanto, enquanto buscam respeito, os homens podem fazer as mulheres se desinteressarem. E as mulheres, ao quererem atrair os homens, podem levá-los a se afastar.

Resumindo, nem sempre provocamos a impressão que gostaríamos no sexo oposto. Por isso convém ajustarmos nossas mensagens. Os homens podem partilhar mais seus sentimentos a respeito das pessoas e da vida e menos sobre as suas realizações. As mulheres poderiam partilhar mais suas realizações e menos os seus sentimentos. Esses ajustes podem nos ajudar a obter a admiração e o respeito que desejamos.

Além do que propriamente vão partilhar com o seu parceiro, homens e mulheres também mostram diferenças na maneira como encaram seu primeiro encontro. A maior parte dos estudos mostra que as mulheres se abrem mais do que os homens. No entanto, as pesquisas também indicam que os homens reconhecem que uma conversa mais íntima cria um relacionamento mais profundo. Eles revelam mais sobre si mesmos quando esperam ou desejam ver alguém novamente. Além disso, eles se abrem mais se acham que sua parceira gostou deles ou confia neles. Portanto, mulher: se um homem se abre com você num primeiro encontro, tome nota deste fato. Isso pode indicar que ele espera dar continuidade ao relacionamento ou que ele acredita que você gostou dele.

As restrições

De vez em quando partilhamos notícias "pesadas" como a de Harold sem nos darmos conta do impacto que podem exercer sobre alguém que é quase um estranho.

Mas o que é pesado demais? Mesmo que não haja uma regra específica sobre o tipo de informação pessoal que é imprópria para ser compartilhada num primeiro encontro, pense duas vezes antes de dividir notícias que forcem seu interlocutor a fazer o papel de quem está ali para apoiar. Até importantes informações positivas, como os resultados dos exames de Harold ou a conquista de um prêmio, obrigam seu parceiro a concentrar-se no apoio ou no elogio a você. Uma informação séria negativa é ainda mais pesada.

Auto-avaliação

Alguma vez já ouvi um novo conhecido reagir dizendo coisas como "Sinto muito saber disso" ou "Que coisa horrível"? (Quando essa reação acontece, é provável que você tenha dado uma notícia "pesada" em busca de apoio e simpatia.)

Lembre-se do que já dissemos: num primeiro encontro, o que você disser irá influenciar a impressão geral que seu interlocutor terá a seu respeito. Então, mesmo que a conversa pareça estar se tornando cada vez mais íntima, resista à tentação de lançar na mesa um assunto pessoal "pesado". Talvez você esteja falando de um problema temporário na sua vida. Mas o ouvinte pode pensar que você é uma pessoa com uma história repleta de problemas, ou então que é centrada demais em si mesma. Antes de revelar alguma coisa, pense em como gostaria que os outros se lembrassem de você: como uma pessoa doente ou como uma pessoa feliz, apaixonada por algum assunto.

A reclamação como explicação

Reclamações são altamente negativas quando se trata de alimentar uma conversa. Mesmo reclamações insignificantes podem lançar uma luz antipática sobre aquele que está falando – especialmente se elas vêm em quantidade. Por exemplo, Peggy, uma de nossas clientes, que trabalhava num banco, reclamou de estar se sentindo cansada, de nunca ter tempo livre para nada, de ter brigado com uma colega de trabalho e discutido com seu chefe. Tudo isso no espaço de uma hora! Misturadas com essas reclamações havia algumas coisas bastante interessantes sobre sua formação e o seu trabalho. Durante a avaliação, sua consultora comentou que nada parecia estar dando certo para ela naquele momento. Peggy ficou surpresa ao ouvir isso. Quando a consultora repetiu a longa lista de coisas que deixavam Peggy insatisfeita, ela se surpreendeu, porque achava que tinha passado a impressão de ser uma pessoa sincera e participante. Para a sua consultora, no entanto, Peggy projetou a imagem de uma pessoa negativa, sobrecarregada e autocentrada.

Auto-avaliação

Tenho a preocupação de não descambar para fazer reclamações sobre problemas do dia-a-dia quando encontro alguma pessoa nova? Ou mostro uma tendência a falar das dificuldades e problemas encontrados naquele dia?

É normal e saudável manifestar insatisfação com alguma coisa. Pessoas que só contam coisas positivas podem dar a impressão de que não são sinceras ou abertas. Falar levemente das coisas que nos mobilizam e dos nossos pontos vulneráveis costuma causar boa impressão. Mas se você começar a reclamar demais ao falar com alguém que acabou de conhecer, estará enviando a mensagem de que é alguém autocentrado, que costuma *alugar* os outros, e até mesmo que se trata de um irremediável chato. Lembre-se: seus problemas e seus assuntos sempre parecerão muito mais interessantes para você e para seus amigos mais chegados do que para uma pessoa que você acaba de conhecer. E mesmo com os amigos mais próximos é bom não exagerar.

OUTRA RECEITA DE CHATICE

Existem mil maneiras pelas quais uma pessoa pode ser chata.

Pesquisadores estudaram o fenômeno da chatice pedindo que os participantes ouvissem conversas entre duas pessoas e as avaliassem. Suas descobertas revelaram que o tema de conversas considerado mais chato era o que classificaram de "egocentrismo negativo", também conhecido como ficar se queixando extensamente dos seus problemas.

A pesquisa também mostrou a idéia que as pessoas fazem dos chatos que ficam o tempo todo reclamando: seus autores acreditam que são pessoas menos simpáticas, menos amistosas, menos confiáveis e mais fracas do que aquelas que não ficam se queixando. A maioria até sente algum ressentimento e hostilidade em relação aos indivíduos chatos. Por que eles despertam esse tipo de reação negativa? Os autores concluem que o motivo está no fato de eles violarem um mandamento fundamental: "não chatearás o próximo".

Todos nós podemos reduzir ao máximo nosso risco de chatear os outros resistindo ao impulso de querer reclamar dos nossos problemas para alguém que acabamos de conhecer.

CONCLUINDO

Qual é o seu estilo de se revelar num primeiro encontro? A melhor maneira de descobrir isso é pensar em alguns comportamentos positivos discutidos neste capítulo. Eles lhe parecem naturais? Pense também em alguma coisa que você faz que possa passar imagens menos positivas. Como mostra este capítulo, num primeiro encontro você pode transmitir impressões radicalmente diferentes do que você é na verdade – dependendo do que e de com quem você decide partilhar suas experiências e sentimentos.

Os quadros a seguir listam alguns comportamentos de autorevelação e as mensagens que costumam transmitir. Mais uma vez, pense a respeito de cada comportamento e verifique se adota essas atitudes normalmente, às vezes ou raramente.

COMPORTAMENTOS POSITIVOS DE AUTO-REVELAÇÃO				
Se você faz isso	*Você pode parecer*	*Eu faço isso*		
		Normalmente	Às vezes	Raramente
Partilho informações básicas sobre mim mesmo	Seguro, socialmente adequado			
Equilibro minhas revelações com o que os outros me revelam	Sensível, compreensivo, inofensivo			
Revelo sentimentos mais profundos	Sensível, interessante, aberto ao contato			
Partilho minhas paixões e meus interesses	Autoconfiante, independente, comprometido com a vida			
Partilho pontos vulneráveis e rio dos meus próprios erros	Autoconsciente, autoconfiante, que tem senso de humor e os pés no chão			

ERROS DE COMUNICAÇÃO COMUNS					
Se você faz isso	*Você pensa que parece*	*Mas pode parecer*	*Eu faço isso*		
			Normalmente	Às vezes	Raramente
Diz o que pensa antes de dar informações pessoais básicas	Interessante e não-convencional	Autocentrado, excêntrico, inadequado			
Partilha mais do que os outros lhe revelam	Aberto, honesto, revelador	Incômodo, inadequado			
Revela muito menos do que os outros	Contido, misterioso	Fechado, desinteressante, frio			
Dá uma informação com a intenção de impressionar	Importante, especial	Egocêntrico, com necessidade de se auto-afirmar			
Queixa-se de seus problemas	Honesto, espontâneo	Chato, autocentrado, problemático			

Capítulo 8

Pegou o ritmo? A dinâmica da conversa

Agora já abordamos quatro dos princípios básicos de uma primeira impressão. O primeiro e o segundo – ser acessível e demonstrar interesse – são fundamentais. O terceiro e o quarto – discutir temas objetivos e auto-revelar-se – são essenciais para enriquecer os outros e estabelecer uma conexão com eles.

Neste capítulo trataremos do quinto fundamento: a dinâmica da conversa. Aqui tudo tem a ver com energia e conexão. É algo que independe de qualquer coisa que você diga – é algo que se sente. Imagine que você está vendo duas pessoas conversarem numa língua que não conhece. Mesmo sem compreender suas palavras, é possível sentir a energia da relação, a intensidade da emoção e até que ponto os dois interlocutores estão conectados.

Energia é particularmente importante numa primeira impressão, porque o conteúdo da conversa tende a ser relativamente superficial. A maior parte das pessoas percebe a energia e a química de uma relação e sabe avaliar sua importância, mas se sente impotente para intervir neste aspecto. Talvez você se ache incapaz de controlar essa química. Mas sempre há alguma coisa que você pode fazer para transmitir energia.

Este capítulo vai falar do seu estilo em termos de energia e dinâmica na conversa. Seu estilo é composto de dois aspectos. Um tem a ver com a energia que você emite – o quanto você fala, a velocidade com que fala e a altura com que fala. O segundo diz respeito à maneira como você sintoniza sua energia com a dos outros – como cede a vez, deixa o outro falar ou mantém a iniciativa e encontra um ritmo que seja mutuamente satisfatório.

ESTILO PARTE I: A ENERGIA QUE VOCÊ TRANSMITE

A primeira parte do seu estilo em termos de energia só tem a ver com você, independe do seu parceiro de conversa. Tem a ver com o quanto você fala, a rapidez e a altura com que fala. É a energia que você investe na relação. É isso que faz com que as pessoas se sintam ou não à vontade com você.

De quem é a palavra

Quando encontra alguém pela primeira vez, você tende a monopolizar a conversa ou cede a palavra? Isso é muito importante, porque a quantidade de coisas que você fala é decisiva para saber se os outros vão ou não achar agradável a conversa. A maioria das pessoas deseja não apenas ouvir os outros, mas também ter uma oportunidade de se expressar. Se você satisfaz essas duas aspirações, *mesmo que esta não seja sua inclinação natural*, vai causar uma primeira impressão mais positiva.

Randy, um dinâmico cliente nosso, ilustra bem o estilo "estou-realmente-interessado-em-você-agora-deixa-eu-falar". Num encontro de negócios simulado, Randy conversou com Carla, uma cliente em potencial da área de software.

RANDY: Carla, é ótimo ver você. Estava ansioso para nos falarmos. Adoraria saber mais sobre as necessidades da sua empresa e contar um pouco sobre mim e minha firma para ver como podemos ajudá-la.

CARLA: Fico feliz em encontrar você, Randy.

RANDY: Estive acompanhando o desempenho da sua empresa. Suas ações estão indo muito bem; vocês devem estar fazendo alguma coisa certa!

CARLA: É verdade. As coisas no momento estão indo muito bem para nós.

RANDY: Imagino que vocês queiram expandir seu negócio. Já trabalhamos com empresas em expansão como a de vocês. Pessoalmente, tenho muita experiência com companhias que passaram por esta mesma fase de crescimento. Na verdade, eu comecei como representante de vendas e fazia negócios com pequenas e médias empresas. Foi uma experiência extraordinária e eu realmente aprendi um bocado. Eu ficava em Chicago, que é uma cidade fantástica, mas agora estou contente por estar no Sul.

CARLA: Sei.

RANDY: Deixa eu te dar uma idéia da nossa firma para que você saiba algo sobre nós. Nossa sede fica em...

A conversa seguiu esse mesmo padrão, de forma que, no final, Randy tinha falado cerca de 80% do tempo. Quando sua consultora observou isso na sessão de avaliação, Randy explicou que, apesar de estar consciente de que estava falando muito, achava que aquilo era apropriado e não fazia a menor idéia de que Carla pudesse achar aquela atitude antipática. Disse que geralmente se concentra nos pontos que julga importantes e não em prestar atenção para ver se está falando demais. No entanto, ao dominar a conversa, ele obrigou sua consultora a fazer exatamente o oposto. Com o tempo, a atenção dela acabou se concentrando no fato de que Randy estava falando demais e não no conteúdo das informações dele, por mais importantes e bem-articuladas que fossem. Ela teve a sensação de estar sendo alijada por Randy e sentiu pouca vontade de fazer negócio com ele.

Para a maioria das pessoas, uma relação satisfatória é aquela na qual a iniciativa da conversa fica dividida de maneira equilibrada, com cada parte falando mais ou menos a metade do tempo. Num grupo de três, a divisão mais satisfatória costuma ser a que dá um terço da conversa a cada um, e assim por diante.

Do meu jeito ou do seu?

Por sua própria índole, algumas pessoas são mais falantes; elas se sentem felizes quando têm a oportunidade de falar muito. Outras gostam de falar menos. Num primeiro encontro, então, quem determina como a conversa vai ser dividida – você ou seu interlocutor? A experiência mostra que costumamos causar melhor impressão quando deixamos nossos parceiros escolherem o nível de energia dessa troca – falando tanto ou tão pouco quanto eles – e mantemos esse mesmo equilíbrio ao longo do diálogo.

Talvez você queira primeiro observar o estilo do seu interlocutor e então se esforçar para fazer uma contribuição *complementar* à conversa. Se está tentando impressionar um novo cliente ou candidato a um envolvimento romântico que gosta de falar muito, você provavelmente se sairá melhor se procurar *complementar* a conversa, mesmo que esta não seja sua inclinação natural. Se ele ou ela gosta de contar histórias e de falar 90% do tempo, você terá um desempenho mais positivo se falar algo em torno de 10% e não tentar se equiparar a seu interlocutor contando um monte de histórias suas. Da mesma forma, se está com alguém que prefere falar menos do que 50% do tempo, você pode ocupar o tempo vago enchendo os períodos de silêncio.

Se você conhecer qual é sua tendência, terá melhores condições para tentar modificá-la quando assim o decidir. Uma boa maneira de fazer isso é, durante a conversa, medir mais ou menos o quanto você vem falando em relação ao tempo dos outros. Então, poderá fazer as correções necessárias, cedendo ou ocupando espaço no tempo restante da conversa.

Adequar seu estilo a uma situação não significa esconder quem você é ou "não ser você mesmo". Ao contrário, isso revela que você sabe se avaliar, é sensível às necessidades dos seus interlocutores e é uma pessoa flexível. Sua flexibilidade é uma forma de generosidade social que, ao menos inconscientemente, sempre será registrada e valorizada. Lembre-se: causar uma boa primeira impressão tem a ver com satisfazer as necessidades dos outros, não as suas próprias necessidades. À medida que seu relacionamento se desenvolver, você poderá gradualmente revelar mais do seu próprio estilo e criar uma dinâmica que seja prazerosa para ambas as partes.

GOSTO DO JEITO COMO VOCÊ SE MEXE

Não é só o quanto você fala ou como você fala. A maneira como você se mexe também é importante. Sua linguagem corporal desempenha um papel vital para provocar simpatia ou antipatia numa pessoa estranha.

Numa pesquisa, especialistas mostraram vídeos silenciosos de pessoas falando e pediram aos observadores para avaliar o grau de simpatia despertado por elas. Os pesquisadores então contabilizaram todos os diferentes gestos feitos pelas pessoas que falavam e os relacionaram ao grau maior ou menor de simpatia. Os resultados mostraram que certos movimentos corporais são mais cativantes do que outros e que homens e mulheres são avaliados de maneira diferente.

Eles descobriram que, em relação aos homens, gestos que representam extroversão, dirigidos ao ouvinte, são vistos com mais simpatia. Estes incluem gestos com as mãos, mudanças de postura, movimentos com a cabeça e sorrisos. Em relação às mulheres, a característica mais simpática era uma expressão facial espontânea – isto é, a animação irradiada pelo rosto da mulher e a freqüência com que mudava de expressão.

Então, lembre-se: o modo como você mexe o corpo e as feições do seu rosto desempenham papel importante para torná-lo mais ou menos simpático aos olhos dos outros.

Auto-avaliação

Eu sei avaliar o quanto estou falando em comparação com os outros? Em termos proporcionais, costumo falar mais ou menos do que a porcentagem de tempo que me caberia? Neste caso, minha tendência natural se manifesta de maneira muito forte? A proporção é de 90/10, 70/30, e assim por diante? Sinto-me desconfortável se sou obrigado a seguir um nível diferente de participação?

Intensidade

Não se trata apenas do *quanto* você fala, mas da *qualidade* da energia que você emite. É a diferença entre como as suas palavras soam quando você as diz numa conversa ou as lê num texto escrito. Intensidade tem a ver com a rapidez com que você fala, a duração de suas pausas e a altura da sua voz.

Mudando de marcha

Da mesma forma que cada um de nós tem um jeito peculiar de caminhar, todos nós temos uma característica inconfundível da nossa individualidade na velocidade com que falamos. Algumas pessoas falam rápido, outras devagar. E todos nós temos uma preferência sobre a velocidade com que gostaríamos que os outros falassem conosco.

É fácil percebermos quando outra pessoa fala num ritmo que nos incomoda. Difícil pode ser nos darmos conta plenamente do ritmo que adotamos ao falar e do impacto que exercemos sobre os outros. Se falamos mais lentamente do que os outros gostariam, podemos fazer com que se sintam impacientes ou entediados. Se falamos rápido demais, podemos fazer com que se sintam incomodados, ansiosos ou até mesmo "invadidos".

Tomemos o exemplo de Lily, uma das primeiras clientes da First Impressions, uma mulher animada que tinha o hábito de falar rápido. Eis como transcorreu parte do seu encontro simulado: (Usaremos espaçamento mais apertado entre as letras para indicar um discurso veloz e um espaçamento mais folgado para representar uma fala mais lenta.)

LILY: Tive um dia fantástico ontem. Fui correr no parque e esbarrei com uma porção de amigos, e então fui a um churrasco. Um perfeito dia de verão! Adoro esta época do ano.

NICK (pausa): É, eu também. Especialmente esses churrascos no fim da tarde...

LILY: Você gosta de praia? Adoro o sol, mesmo sabendo que não faz muito bem à saúde. Acho que, se ficar debaixo de um guarda-sol, tudo bem.

NICK: Gosto bastante de praia (pausa). Minha tática é ir no fim da tarde...

Ao avaliar o encontro, o consultor de Lily chamou a atenção para o fato de que a velocidade com que ela falava fazia com que ele se sentisse aflito, mesmo que estivessem conversando apenas sobre um dia na praia. Nick tinha procurado falar mais lentamente para ver se seu ritmo a influenciava. Lily disse que tinha consciência de que falava rápido, mas não achava que isso fosse uma característica negativa. Acrescentou que, como se sente incomodada quando os outros falam devagar, procura manter um ritmo mais rápido.

Quais são os indícios de que você está falando numa velocidade que incomoda os outros? Um sinal disso pode ser o fato de a outra pessoa exagerar na direção oposta (como fez Nick), num esforço para mudar a dinâmica da conversa para um ritmo mais confortável. Se você está falando muito rápido, seus parceiros podem tentar falar mais devagar, fazer pausas ou até mesmo abandonar a conversa, incomodados com o ritmo que ela tomou. Se está falando devagar demais, eles podem terminar suas frases por você, mostrar-se impacientes durante os silêncios e começar a falar mais rápido, tudo isso para tentar acelerar o ritmo da conversa.

Auto-avaliação

Tenho consciência da velocidade com que falo em relação à dos outros? As pessoas dão a impressão de ter dificuldade para acompanhar o meu ritmo?

Para causar uma boa primeira impressão, você deve procurar tomar consciência da velocidade com que fala comparada com a dos seus interlocutores. Se sabe que geralmente tende a falar muito rápido, ou devagar demais, deve prestar especial atenção nos sinais de incômodo por parte dos outros e ajustar a sua velocidade de acordo com isso. Ainda que falar mais devagar ou mais rápido lhe custe um pouco de esforço, adotar esta atitude fará com que as pessoas à sua volta sintam-se mais à vontade.

Espaço de folga

Pausas, ou o espaço entre as suas frases, também são parte do seu estilo em termos da energia que você investe numa conversa. O ritmo da sua fala pode ser agradável, mas, se as suas pausas são muito mais curtas ou mais longas do que as dos outros, eles podem não se sentir à vontade. Tomemos estes exemplos de um de nossos clientes. Foi assim que Bob cumprimentou seu consultor:

BOB: Oi, entre, sente-se por favor. Só me dê alguns segundos para umas coisas que ainda preciso fazer. Minha chefe precisa de alguns relatórios e tenho de dar um pulo na sala dela. Mas fico contente em ter tempo para conversar com você. Espero que tenha gostado da minha sala. Podemos falar enquanto tomamos um café?

Bob praticamente não fez nenhuma pausa. Não deu à sua consultora tempo para intercalar sequer uma palavrinha entre uma frase e outra. Este estilo pode dar a impressão de que você é autoritário e mesmo egoísta, porque nega aos outros a oportunidade de se expressar. Também cria um clima de ansiedade e frustração.

Mas, atenção, é preciso manter um certo equilíbrio. Pausas longas demais também podem deixar seu parceiro pouco à vontade.

NO MEU RITMO

Já reparou que, se algumas pessoas causam nervoso e outras dão sono, há aquelas que parecem se comportar "na medida certa"?

Talvez isso tenha a ver com a velocidade com que elas falam. Pesquisadores têm estudado a maneira como os ouvintes avaliam aqueles que falam, levando em conta a variação na velocidade com que conversam. As experiências revelam que não existe um ritmo que seja universalmente atraente para todos os ouvintes. O que acontece é que os ouvintes mostram uma preferência por aqueles que falam *num ritmo mais parecido com o deles.* Os que falam rápido gostam dos que também falam rápido, e os que falam mais lentamente preferem os que conversam num ritmo mais lento. Mais ainda: para os participantes, as pessoas que tinham um ritmo parecido com o deles pareciam apresentar características pessoais positivas. Davam a impressão de ser pessoas gentis, simpáticas, inteligentes e confiantes.

As impressões que temos dos outros são influenciadas pelo grau de semelhança que eles têm conosco, mesmo em características como a velocidade com que falam. Então, do ponto de vista de uma primeira impressão, você provavelmente será visto sob uma luz mais favorável se adequar a velocidade do seu discurso à do seu parceiro.

Auto-avaliação

Faço pausas entre minhas palavras e minhas frases? Dou aos outros espaço para interferir e participar da conversa? Faço pausas longas demais, a ponto de dispersar a atenção de meus interlocutores?

Está me ouvindo?

Uma outra importante qualidade em termos de energia é a altura – se você fala alto ou baixo. A maioria das pessoas fala num volume semelhante ao daquelas com quem está conversando e varia o volume de acordo com os ruídos ambientes.

No entanto, você pode ter uma certa tendência a falar numa altura diferente da normal. Se fala alto demais, pode achar que está passando a impressão de ser espontâneo, desenvolto e divertido. Mas, em vez disso, pode estar transmitindo uma imagem de arrogância, de necessidade de chamar a atenção – como se quisesse impressionar não apenas seu parceiro, mas também as pessoas na outra mesa e do outro lado da sala – ou simplesmente de falta de tato em termos sociais. Você corre o risco de ser rotulado de espalhafatoso, característica muitas vezes associada a uma porção de traços negativos, como ser excessivamente centrado em si mesmo, grosseiro e irritante. Se falar baixo demais, pode pensar que está se mostrando contido e sensível, mas talvez passe a imagem de uma pessoa tímida, indecisa, desmotivada. E falar baixo demais às vezes dá a impressão de querer controlar o outro, de estar obrigando o interlocutor a se esforçar para ouvir, tendo de se aproximar mais e pedindo que você repita o que disse.

Auto-avaliação

Minha tendência natural é falar em voz alta ou baixa? Costumo ajustar minha voz para ficar na mesma altura da dos outros?

ESTILO PARTE 2: ESTAR EM SINTONIA COM OS OUTROS

Agora você já explorou os elementos do seu estilo pessoal em matéria de energia – o quanto você fala e a intensidade com que fala. Às vezes é difícil ver essas características com clareza em nós mesmos. Se você tem dúvidas, pergunte a um amigo que impressão você transmite em relação a esses pontos.

O próximo passo é sintonizar seu estilo em termos de energia com o da outra pessoa. Causar uma boa primeira impressão tem muito a ver com a forma como você sintoniza seu ritmo com o dos outros. É aí que entra a química. É como tocar música com os outros – você escuta, responde ao ritmo e à melodia deles, criando uma dinâmica.

HARMONIZANDO OS CORPOS

Há duas maneiras básicas de você estabelecer uma sintonia com seu parceiro de conversa. Uma delas é através do ritmo das suas reações e intervenções. Outra é por meio dos seus movimentos físicos.

Mas como você se harmoniza com seu parceiro em termos físicos? Quais os passos que pode dar neste sentido? Psicólogos estudaram muitos elementos de coordenação não-verbal e encontraram três que seriam básicos. Um deles é a coordenação dos sorrisos. Se os dois sorriem juntos, geralmente é porque estão em harmonia. O item seguinte está nos gestos, como quando usamos as mãos para enfatizar um ponto enquanto falamos. Finalmente, o olhar é muito importante. Se olhamos um para o outro ao mesmo tempo e parecemos atentos enquanto escutamos, isso fortalece um bom relacionamento, porque é uma forma de respeito. Você reage a um sorriso com outro sorriso, olha e escuta, alterna suas intervenções com as do parceiro. Juntos vocês encontram um ritmo.

A harmonia também estimula a simpatia mútua. Pesquisadores descobriram que, quando você, de certo modo, imita – mesmo que inconscientemente – os gestos de seu parceiro, isso ajuda a relação a fluir melhor e faz com que os dois interlocutores gostem mais um do outro. Os autores da pesquisa dizem que esse comportamento "camaleão" ajuda a criar e manter as relações e "atende a uma aspiração básica de todo ser humano de estar ligado a algo ou alguém".

Auto-avaliação

Como costumo falar quando chega a minha vez? Minha contribuição é maior ou menor do que a dos outros? Sou capaz de me adaptar, falando por períodos mais longos ou mais curtos?

Depois de você: como reagir às interrupções

As interrupções fazem parte da vida. Mesmo com todo o cuidado para se alternar com seu interlocutor da maneira apropriada, é inevitável que, de vez em quando, você acabe falando ao mesmo tempo que alguém ou que alguém o interrompa. E normalmente há uma pausa durante a qual você precisa decidir se vai insistir em falar ou vai ceder a vez ao outro. Ainda que tenha algo muito, muito importante mesmo para dizer, provavelmente causará uma impressão melhor num primeiro encontro se ceder e deixar que o outro fale. Isso não quer dizer que você deva sempre abrir mão de falar, mas que, ao ceder a vez, parecerá mais interessado no que o seu parceiro tem a dizer do que nos seus próprios pensamentos.

Mesmo que haja algumas diferenças a esse respeito entre o comportamento dos homens e o das mulheres, e que os homens encarem as interrupções com mais simpatia do que as mulheres (veja o quadro a seguir com resultados da pesquisa), evitar falar por cima dos outros é uma atitude mais sensata e educada no primeiro encontro com alguém. As pessoas sentem uma simpatia maior por quem ouve atentamente cada palavra delas do que por aqueles que não se contêm e atropelam suas falas. Ceder a vez transmite um certo charme. Mesmo se é você quem está falando, pode ceder a palavra diante da impaciência do interlocutor. Se alguém parece irrequieto – murmurando, por exemplo, "hum-hum, hum-hum, hum-hum" –, é um bom sinal para se recolher e ver o que a outra pessoa tem a dizer.

OS QUE INTERROMPEM: AMIGOS OU INIMIGOS?

Há regras para a alternância durante as conversas. Ele fala, você escuta, você fala, ele escuta, e assim por diante. Mas às vezes as pessoas interrompem as outras. Como é vista esta atitude? Aquele que interrompe parece vivamente interessado ou passa a idéia de alguém que deseja monopolizar a conversa?

Para explorar essa questão, pesquisadores gravaram conversas entre dois interlocutores, um dos quais interrompia o outro. Participantes da pesquisa ouviram a conversa e classificaram os dois de acordo com as características de suas personalidades.

As reações àquele que interrompia variavam segundo o gênero dos que ouviam – e *não* em relação ao gênero da pessoa que interrompia. As ouvintes mulheres viam os que interrompiam sob uma luz mais negativa – como folgados, desrespeitosos e desagradáveis. Os ouvintes homens, no entanto, viam-nos com mais simpatia. Para eles, as interrupções expressavam simpatia, interesse e concordância.

Os autores concluem: "Homens às vezes podem estar tentando demonstrar interesse, envolvimento e compreensão valendo-se das interrupções, mas as mulheres muitas vezes interpretam a mesma atitude como desrespeito e prepotência. Ao compreendermos os critérios diferentes usados por homens e mulheres, esses mal-entendidos podem ser minimizados."

CONCLUINDO

Independentemente do conteúdo de sua conversa, a energia que você investe num primeiro encontro irá influenciar a impressão que você vai causar. Você pode ser classificado como alguém simpático ou como uma pessoa difícil de lidar com base em quanto você fala e com que intensidade fala.

Consciente ou inconscientemente, as pessoas percebem se ficam ou não à vontade ao interagir com você. Percebem se você cede a vez e cria uma dinâmica que lhes é agradável.

Se você adaptar-se à dinâmica dos outros, deixará uma impressão mais simpática e estabelecerá um vínculo mais sólido com eles.

Leia as tabelas a seguir e reflita sobre cada comportamento que elas analisam. Verifique se costuma adotar essas atitudes normalmente, às vezes ou raramente. Não é fácil avaliar-se em termos de energia e saber de que jeito os outros percebem você. Mais uma vez, uma boa maneira de avaliar-se é perguntar a um amigo de confiança se às vezes você fala mais do que deveria, se mais rápido ou devagar, mais alto ou mais baixo do que os outros.

COMPORTAMENTOS POSITIVOS DE AUTO-REVELAÇÃO				
Se você faz isso	*Você pode parecer*	*Eu faço isso*		
		Normalmente	Às vezes	Raramente
Dá aos outros a oportunidade de se expressar e de obter uma contribuição da sua parte	Participante, interessado e interessante			
Presta atenção em quanto os outros gostam de falar e complementa com a sua parte	Sensível, socialmente generoso, fácil de se comunicar			
Mostra-se contido na sua contribuição	Voltado para os outros			
Fala no mesmo ritmo do seu parceiro de conversa	Amável, fácil de se conversar			
Fala na altura que o seu interlocutor prefere	Confiável, agradável			
Alterna suas intervenções com as do parceiro	Envolvente, sensível			
Cede a vez diante de interrupções	Interessado nos outros, socialmente generoso			

ERROS DE COMUNICAÇÃO COMUNS					
Se você faz isso	*Você pensa que parece*	*Mas pode parecer*	*Eu faço isso*		
			Normalmente	Às vezes	Raramente
Fala mais rápido ou faz pausas menores do que os outros	Interessante, cheio de energia	Exaustivo em termos emocionais, antipático			
Fala mais devagar ou faz pausas mais longas que os outros	Calmo, à vontade, reflexivo	Chato, tedioso			
Fala mais alto do que os outros	Seguro de si, divertido, interessante	Grandiloqüente, vaidoso, agressivo			
Fala mais baixo do que os outros	Sério, mostrando consideração pelos outros	Tímido, sem autoconfiança, controlador			
Fala mais tempo do que os outros	Interessante, cheio de informações	Autocentrado, difícil de se conectar			
Fala por mais tempo quando chega a sua vez	Disposto a partilhar, interessado	Cansativo, incapaz de se conectar			
Interrompe os outros ou não consegue ceder a palavra	Interessante, cheio de energia	Desinteressado, autocentrado, controlador			

CAPÍTULO 9

Como você vê o mundo: seu ponto de vista

Vamos passar agora ao sexto ponto fundamental numa primeira impressão. Este aspecto vital diz respeito a como você se vê e como vê o mundo em que vive. Que tipo de perspectiva sobre a vida você transmite? Os outros o vêem como uma pessoa tranqüila ou alarmista, como alguém que está no comando da situação ou como uma vítima? Você se vê como alguém melhor ou pior do que os outros?

Essa forma de se ver e de ver o mundo pode se manifestar de maneira óbvia ou de um modo sutil. Pode ser transmitida sem palavras ou com um único adjetivo. Mas as pessoas captam o seu ponto de vista quase que imediatamente, mesmo numa primeira conversa, e com base nela fazem suposições sobre a sua personalidade.

A maneira como você encara a vida é parte integrante de sua pessoa. Você talvez não queira mudar seu ponto de vista sobre o mundo e sobre si mesmo. Mas há boas razões para você querer examinar qual é o ponto de vista que transmite quando conhece alguém. As pessoas formarão opiniões bem-definidas a seu respeito com base na maneira como você vê e interpreta o mundo. Então é importante que a impressão que você transmite esteja realmente de acordo com seus verdadeiros pontos de vista sobre a vida. E é também importante, para provocar uma boa impressão, pensar na maneira como transmite esses pontos de vista.

Nossos pontos de vista sobre a vida e o mundo, na maior parte das vezes, são transmitidos indiretamente. É muito raro que num primeiro encontro as pessoas definam sua visão de maneira direta, afirmando, por exemplo: "Sou uma pessoa muito otimista, rígida a respeito de algumas coisas e me sinto um pouco superior aos outros." Ao contrário, nossos pontos de vista sobre nós, sobre o mundo e sobre os outros se revelam no decorrer de nossos comportamentos, atitudes e observações.

Neste capítulo vamos discutir em linhas gerais o estilo de apresentação e o conteúdo da sua visão de mundo. O estilo é a maneira como você projeta a visão de si mesmo. Diz respeito à sua rigidez ou flexibilidade, sua tendência a minimizar ou exagerar os acontecimentos, a projetar um sentimento de inferioridade ou superioridade e também a se ver como vítima ou como alguém que controla o curso dos acontecimentos. O conteúdo do seu ponto de vista são as coisas sobre as quais fala – se é positivo ou negativo, alegre ou sério.

ESTILO: MOSTRANDO COMO VÊ A SI MESMO

Seguindo o fluxo

Um componente do estilo é a sua flexibilidade. Se você se mostra uma pessoa flexível, isso transmite algo a seu respeito e a respeito da sua visão do mundo. O modo como expressa suas opiniões e idéias é uma das formas de transmitir essa visão, como vimos no Capítulo 6. Mas é mais do que isso. O estilo se revela no modo como você responde à realidade e como reage a acontecimentos inesperados.

A vida tem o seu próprio fluxo. Você pode reagir seguindo a corrente ou resistindo a ela. A maior parte das pessoas gosta de manter algum controle e se planeja para minimizar o grau de incerteza da vida. Por exemplo, quando viajam, compram ingressos com antecedência, fazem reservas nos restaurantes e hotéis, programam as excursões. Mas as coisas às vezes fogem ao nosso controle, e o inesperado acontece. É um vôo cancelado, um restaurante lotado, um ar-condicionado funcionando mal. Há sempre alguma coisa em relação à qual somos mais rígidos e intolerantes. As pessoas julgam você pelo modo como reage a situações que fogem ao seu controle. E estranhos costumam ser ainda mais severos neste julgamento. As pessoas que não o conhecem e não o viram em toda uma série de outras situações farão um juízo sobre você baseando-se apenas em como reage a uma única situação que elas observam.

A seguir, algumas experiências a respeito de flexibilidade contadas por nossos clientes e amigos:

John e Paul estão tendo um primeiro encontro. John escolhe um restaurante perto de onde mora. Paul comenta o bom gosto da decoração e cumprimenta John pela elegância da sua camisa. As coisas estão indo bem. John pede frango ao curry. O garçom se desculpa dizendo que o frango ao curry acabou. John fica irritado e reclama asperamente dizendo que é inconcebível um restaurante daquela categoria deixar faltar um prato tão pedido. Ele discute com o garçom por alguns minutos e finalmente decide que vai comer apenas uma entrada. Paul fica constrangido e procura não pensar nessa experiência, mas descobre que ficou mais difícil estabelecer um vínculo com John depois de ter presenciado o momento em que ele foi inflexível e áspero.

Vamos imaginar uma reação mais flexível quando foi anunciado que não havia mais frango ao curry:

JOHN: Não tem mais! Que pena, só gosto de comer este prato! Bom... Vamos então experimentar algo diferente. O que você sugere?

Reclamar com o garçom não vai adiantar nada. É mais simpático expressar sua decepção, mas partir, sem maiores comentários, para outra alternativa.

Eis outra experiência: uma colega nossa estava na fila do check in no aeroporto quando o homem à sua frente puxou conversa com ela. O homem parecia agradável e os dois se divertiram comentando os últimos acontecimentos noticiados pela TV quando chegou a vez de ele ser atendido no balcão.

HOMEM: Tenho um lugar reservado no corredor.

FUNCIONÁRIA: Sinto muito, senhor. Não temos mais nenhum assento no corredor.

HOMEM: Mas minha agente de viagens disse que tinha reservado meu lugar.

FUNCIONÁRIA (consultando o computador): Não há nenhuma reserva aqui. Gostaria de ter um lugar no corredor para o senhor, mas só temos lugares vagos nas poltronas do meio, ou posso conseguir uma janela na fila 23.

HOMEM: Não dá pra acreditar! Vocês são tão incompetentes! Não conseguem fazer nada direito? Me dá aí qualquer coisa.

FUNCIONÁRIA: Sinto muito, senhor. Não tem nada que eu possa fazer.

O homem agarrou seu cartão de embarque visivelmente mal-humorado e então se virou para a nossa colega perguntando se gostaria de beber algo com ele antes do vôo. Sob o efeito da impressão deixada pela reação dele, ela rejeitou o convite, alegando que tinha alguns telefonemas a dar.

Como John com seu frango ao curry, esse homem transformou um pequeno incidente numa "catástrofe" e acabou afastando uma pessoa com quem poderia ter estabelecido uma boa relação.

Você também provavelmente já viveu um ou dois "momentos inflexíveis" em sua vida. Talvez esses momentos tenham sido provocados por algum ponto ao qual você seja especialmente sensível, ou então aconteceram depois de um dia particularmente difícil. Mostrar-se agressivo talvez sirva para diminuir a tensão acumulada, mas cria constrangimento para quem está à sua volta.

Em geral, adotar um estilo inflexível dá a impressão de que você é uma pessoa de difícil convivência que se julga superior, com mais direitos. Adotar esta postura é como dizer que suas necessidades são mais importantes do que as dos outros ou que você é uma pessoa infantilizada, sem autocontrole. Se deseja impressionar positivamente alguém que acaba de encontrar, esforce-se para ser um pouco mais flexível do que costuma ser. Sua vida certamente vai melhorar.

Auto-avaliação

Quais são os meus pontos sensíveis que me levam a perder a calma? Têm a ver com espaço, comida, tempo, meu conforto pessoal? Como reajo quando me vejo pressionado ou frustrado a esse respeito?

Status: acima, abaixo ou igual

Outro elemento do seu estilo em termos de visão de si mesmo está ligado à maneira como você apresenta sua noção de status. Você passa a impressão de ser arrogante ou inferior? Faz com que as pessoas se sintam no mesmo nível que você? Com novos conhecidos, você se comporta de maneira diferente daquela que adota com os amigos?

A pressão que se sente num primeiro encontro pode influenciar a maneira como você se apresenta. Você pode achar que precisa contrabalançar alguma deficiência ou insegurança em relação ao seu talento, aparência, inteligência, dinheiro ou sucesso profissional.

Auto-avaliação

Em relação a que aspecto pessoal eu sinto mais insegurança? Costumo me comparar com os outros neste campo? Isso altera a maneira como me apresento?

Há três maneiras pelas quais você pode se apresentar perante os outros: a partir de uma posição superior, inferior ou de uma situação de igualdade. Em geral, as pessoas costumam se sentir mais à vontade quando têm uma relação de igualdade ou semelhança com alguém. Mesmo assim, algumas se sentem inseguras no primeiro encontro e acham que uma posição de igualdade não é suficiente. Por se sentirem inferiorizadas, essas pessoas precisam demonstrar que são pelo menos um pouco superiores ao outro. Então, se quiser causar uma boa impressão, a atitude mais segura é não procurar demonstrar superioridade e buscar semelhanças entre você e os outros.

Status estilo 1: de cima para baixo

Se você não sabe ao certo como expressar seu status num primeiro encontro, seu primeiro impulso talvez seja o de olhar o outro um pouco "de cima" e se apresentar numa posição superior. Esta postura provavelmente será ineficaz na maior parte das situações. Pode fazer com que os outros se sintam inferiores ou passar a idéia de que você é arrogante ou precisa se afirmar. Na verdade, ela diminui as chances de estabelecer um vínculo positivo.

Há várias maneiras de expressar sua superioridade. Uma delas é contar vantagem, como descrevemos no Capítulo 7. Outra é através da sua postura, que transmite a seguinte mensagem: "Sou melhor do que você." Você pode colocar-se numa posição superior abertamente ou de modo sutil, depreciando as outras pessoas ou passando a idéia de que é mais inteligente, mais bem-sucedido, mais bem-relacionado socialmente ou mais importante do que o seu parceiro de conversa. Vamos ver algumas das maneiras pelas quais as pessoas expressam sua superioridade.

Posicionamento proativo: definindo seu status. Algumas pessoas gostam de iniciar um diálogo deixando clara sua posição "hierárquica". Dizem, por exemplo, "Eu dirijo a divisão da Costa Leste" em vez de, simplesmente, "Eu trabalho no escritório de Boston".

Posicionamento reativo: eu posso mais do que você! Você espera que seu interlocutor ponha suas cartas na mesa para reagir, desbancando-o. Como quando alguém conta: "Meu marido e eu viajamos num cruzeiro no mês passado." E você retruca: "Ah, já participamos de alguns cruzeiros, mas agora gostamos de fazer coisas mais interessantes; agora mesmo viemos de um safári." Uma postura mais simpática seria: "Também adoro cruzeiros. Aonde vocês foram?"

Auto-avaliação

Já tentei transmitir meu status profissional, social ou financeiro para uma pessoa que acabo de conhecer? Tento deixar isso claro desde o começo ou apenas reajo quando os outros definem sua própria posição?

Às vezes basta ser quem você é para intimidar os outros. Talvez você não se dê conta disso, mas se os outros sabem que você é uma pessoa "importante" podem automaticamente se sentir inferiorizados. Um indício de que os outros estão reagindo à sua superioridade é quando começam a assumir uma postura "de reação" ou a tentar desbancar você. Ou talvez procurem desviar a conversa para um assunto no qual se sintam menos por baixo. Ou podem começar a assumir uma postura fisicamente mais rígida e acabar se retirando da conversa.

O SEU CORPO E O SEU STATUS

As pessoas transmitem seu status aos outros através da sua linguagem corporal. Se alguém sente-se numa posição superior, provavelmente vai adotar uma linguagem corporal diferente, muitas vezes de forma inconsciente.

Psicólogos estudaram este fenômeno designando duplas de pessoas que não se conheciam como "professor" e "estudante" e então observaram atentamente o comportamento dos dois. Os que tinham o status de professor ocupavam mais espaço com seus corpos, falavam mais, interrompiam o outro mais vezes, apontavam com o dedo e tocavam o interlocutor mais do que os interlocutores estudantes. Quando os papéis eram invertidos e o professor tornava-se o estudante diante da mesma pessoa, a linguagem corporal dos dois se modificava refletindo seu novo status.

Portanto, você pode estar transmitindo aos outros como se sente a respeito de si mesmo e a respeito deles apenas pela maneira como se movimenta e usa o espaço à sua volta.

Status estilo 2: de baixo para cima

Se não quiser parecer superior, pode apresentar-se numa posição ligeiramente inferior. Como a maioria das pessoas sabe, esta não é a mensagem mais cativante para ser transmitida. Numa entrevista é raro as pessoas se colocarem numa posição claramente inferior. Elas não dizem: "Na verdade não sou tão importante ou interessante assim." Mas podem expressar seu sentimento de inferioridade comparando-se a você ou a alguma outra pessoa, como, por exemplo: "Aquela mulher é importante *de verdade*, ela é advogada de uma multinacional." O mais freqüente é as pessoas comunicarem seu sentimento de inferioridade se esquivando de alguém que as intimida.

Pode ser que você não saiba sempre como reagir de maneira adequada quando se sente intimidado. Em vez de assumir uma postura de reação ou se retirar da conversa, pode demonstrar confiança em si mesmo reconhecendo tranqüilamente o status expresso pela outra pessoa. Se alguém se apresenta como advogada de uma multinacional, fazendo você se sentir inferior, sempre pode reagir dizendo: "Deve ser um trabalho muito interessante. Você gosta do que faz?"

O método da modéstia. A melhor maneira de olhar os outros de baixo para cima é assumindo uma posição que expressa modéstia ou que diminui de forma sutil o seu status. A modéstia pode se manifestar em diferentes graus. Algumas pessoas sentem-se pouco à vontade em qualquer posição que implique inferioridade, por mínima que seja. Se você perceber que está conversando com uma dessas pessoas, mostre-se um pouco mais humilde para que ela se sinta mais confortável ao seu lado. Outra razão para adotar essa atitude é que a modéstia é uma qualidade que cativa as pessoas. Quando somos modestos, transmitimos a idéia de que não nos levamos a sério demais e de que não somos egocêntricos. Isso faz com que os outros se sintam mais à vontade para nos abordar e tenham mais facilidade para estabelecer uma ligação conosco.

Há mais de uma maneira de mostrar-se modesto. Um bom começo é se apresentar de maneira discreta e despretensiosa, como "Trabalho numa rede de televisão", em vez de "Sou diretor superintendente de uma rede famosa". Também pode falar com bom humor de erros e gafes, como mencionamos no Capítulo 7, mostrando algum grau de vulnerabilidade. Como, por exemplo: "Como eu sou distraído! Não acredito que esqueci de trazer o..." Admitir os seus próprios erros e limitações mostra que você tem força de caráter e assume a responsabilidade pelo que faz, em vez de pôr a culpa nos outros. Apenas não exagere, para não se prejudicar.

Outra maneira de mostrar-se modesto é tirar o foco das atenções de cima de você. Pode pedir aos outros que dêem suas opiniões ou reforçar os aspectos positivos deles. Pode arrumar um jeito de valorizar alguém mostrando o que admira ou gosta naquela pessoa. Se você causa uma boa impressão em relação a algum aspecto, elogie os outros em relação à mesma característica. Por exemplo, se você tem boa aparência e se veste bem, pode dizer à outra pessoa que gosta da aparência dela e da forma como se veste.

Auto-avaliação

Costumo fazer um esforço para ser modesto em relação às minhas características positivas quando encontro alguém novo?

Status estilo 3: a situação de paridade

A modéstia é algo que não traz riscos e representa um bom começo. Mas a paridade também é muito positiva. Apresentar-se como se dissesse "Sou como você" é semelhante a ter um contato olho-no-olho com seu parceiro. Estabelecer uma relação em que os dois se sintam à vontade e em que tratem um ao outro de igual para igual constitui a própria essência de uma ligação positiva com alguém e é o que geralmente as pessoas buscam.

Qual a melhor maneira de se alcançar esse objetivo? Com pessoas que não se conhecem pode ser que os dois interlocutores precisem primeiro "sentir o terreno" antes de se encontrarem em situação de igualdade. Mesmo que você se apresente como alguém no mesmo nível da outra pessoa, ela pode sentir-se superior ou inferior. Se você desconfia que o outro o acha com ares de superioridade, demonstre sua modéstia. Pode deixar a outra pessoa à vontade apresentando-se de maneira despretensiosa, usando o humor para se diminuir um pouco e desviando o foco das atenções de você. Se alguém o vê como estando num plano inferior – se, por exemplo, você ocupa um cargo mais baixo na hierarquia do seu local de trabalho –, procure estabelecer uma relação de paridade não assumindo ares de superioridade ou querendo se afirmar, mas descobrindo algo que vocês dois têm em comum – filhos da mesma idade, interesse por jardinagem ou esporte – e concentrando-se nas atitudes ou pontos de vista que compartilham.

A INFLUÊNCIA INVISÍVEL

Vamos ver um fator que afeta a forma como nos apresentamos, sem que o percebamos.

Pesquisadores entrevistaram estudantes do ensino médio sobre os seus sentimentos em relação à escola. Antes da entrevista, dividiram o grupo em dois e descreveram experiências diferentes para eles. Para o primeiro grupo relataram a experiência de uma pessoa bastante positiva ("Fiz amizades maravilhosas com meus colegas..."). Para o segundo, a de uma pessoa negativa ("O convívio com outros colegas foi muito difícil e acabei me desentendendo com vários deles...").

Os participantes acabaram sendo fortemente influenciados pelo que ouviram antes da entrevista. Os que ouviram sobre as amizades maravilhosas mostraram-se muito mais positivos a respeito das suas próprias experiências e sentimentos do que aqueles que ouviram histórias de relacionamentos que não tinham dado certo. *Mas eles não tinham a menor consciência de que tinham sido influenciados.* Quando lhes perguntaram que impressão tinham transmitido, todos disseram ter assumido uma atitude neutra. Não achavam de modo algum que tinham passado uma impressão parcial dos seus sentimentos.

A exemplo do que ocorre com os participantes dessa pesquisa, você provavelmente não tem consciência de como os outros acabam interferindo na maneira como você se apresenta. E também pode não ter consciência de até que ponto você influencia os outros. Você tem o poder de fazer vir à tona o que existe de positivo ou negativo em alguém, sem que a pessoa sequer se dê conta disso.

A questão do controle

Até agora resumimos alguns elementos do estilo com que você projeta a visão que tem de si e do mundo – flexibilidade e status. Outro aspecto desse estilo tem a ver com controle – isto é, até que ponto você parece controlar ou não a sua vida e a dos outros. "Exercer" controle em contraste com "ter" controle são coisas diferentes.

A abordagem supercontroladora

Para entender melhor, vamos dar o exemplo de um cliente nosso, Doug, administrador na indústria farmacêutica. Doug mostrava uma tendência a assumir uma situação e passar a dirigi-la nos seus mínimos detalhes. Eis como teve início seu encontro com sua consultora durante um almoço:

DOUG: Oi, que bom te conhecer. Fale sobre você. De onde você é?

CONSULTORA: Sou da Pensilvânia, e você?

DOUG: Eu sou da Califórnia. Então, desculpe, mas vamos logo fazer os pedidos para que nossos pratos cheguem logo. Já vim aqui antes; eu recomendo os sanduíches. As outras opções, na maior parte, não são muito boas. Sugiro o sanduíche de rosbife ou o de frango com abacate.

CONSULTORA: Humm. Mas eu gostaria de olhar o cardápio.

DOUG: Pode dar uma olhada. Mas, como eu disse, as melhores pedidas são o rosbife e o frango.

CONSULTORA: Vou só dar uma olhadinha rápida.

DOUG: Este lugar aqui está muito barulhento. Vou perguntar se podemos mudar para aquela mesa ali.

CONSULTORA: Mas eu estou bem aqui. Estou mesmo.

Doug tinha um estilo mandão. Ele não apenas tomou conta da dinâmica da conversa como também tentou quase impor à consultora o que ela deveria comer e em que mesa deveriam se sentar. Quando a consultora observou isso mais tarde, Doug explicou que estava apenas tentando ajudar, querendo que ela pedisse a melhor opção do restaurante e que o ambiente fosse o mais agradável possível. Ele disse que gosta de tomar conta das coisas e deixar os outros satisfeitos. No entanto, Doug não entendia que essa "ajuda" fazia com que a consultora se sentisse constrangida e não ficasse à vontade para expressar livremente seu próprio desejo.

A abordagem fora de controle

No extremo oposto, você pode se apresentar como alguém que não está no comando da situação – ou da sua vida. Tomemos o exemplo da nossa cliente Vivian. Ao contrário de Doug, Vivian se apresentava como uma pessoa que exercia pouco controle sobre os rumos e os detalhes relativos à sua vida.

NICK: Onde você mora, Vivian?

VIVIAN: Estou morando em Forest Hills. Adoro aquela área. Tenho um apartamento que é legal, mas pequeno demais. Venho pensando em me mudar para um maior, mas estou esperando meu ex-marido pagar o que me deve. Então, tenho de esperar.

NICK: Puxa, isso é ruim.

VIVIAN: É, eu sei. Ele me passou a perna.

NICK: Sinto muito. Quer dizer que você trabalha no centro?

VIVIAN: Não. Trabalho em Long Island. Eu deveria ter sido transferida, mas meu chefe está fazendo jogo duro. Ele me prometeu essa transferência no ano passado.

NICK: Bem, onde eu trabalho as coisas também funcionam devagar.

VIVIAN: Gostaria que também fosse assim, mas estamos atolados de trabalho! Meu chefe fica me segurando porque sabe que sou um burro de carga.

Na sessão de avaliação, o consultor observou que parecia haver uma porção de fatores conspirando contra Vivian, como seu chefe e seu ex-marido. Ainda que existissem problemas reais na sua vida, o consultor mostrou a Vivian que ela dava a impressão de ser alguém que gostava de encarnar o papel de vítima, como uma pessoa incapaz de tomar conta de si mesma e sem energia para atender às necessidades dos outros.

Ainda que você não assuma tanto o papel de vítima como Vivian, talvez carregue alguns ressentimentos que correm o risco de vir à tona num primeiro encontro. Pode ser uma queixa contra um empreiteiro que não termina nunca a reforma de sua casa, a companhia aérea que perdeu suas malas, o amigo que brigou com você, seja lá o que for. Mesmo que sua insatisfação tenha motivos legítimos e que essas experiências sejam emocionalmente importantes para você, quando fala delas durante um primeiro encontro está enviando uma mensagem que pode dar a impressão de que você é uma pessoa habituada a culpar os outros e incapaz de assumir a responsabilidade pelo que acontece na sua vida.

A abordagem do pleno controle

Apresentar-se com uma postura de quem mantém um controle adequado da situação passa a idéia de que você é capaz de tomar conta de si mesmo, de assumir a direção da sua vida e tem energia para atender as necessidades dos outros. Esta atitude é diferente da de Doug num aspecto importante: ela indica independência e disponibilidade, sem mostrar nenhum impulso para se impor ou mudar os outros.

Por exemplo, Vivian teria passado a impressão de alguém que sabe controlar sua vida se não tivesse começado a acusar os outros. Poderia ter dito que gostava do seu apartamento, mas estava tentando se mudar para um lugar maior. Isto não significa que ela não dependa, de certa forma, do ex-marido. Mas causaria uma impressão melhor se tivesse se concentrado no que ela mesma está fazendo para melhorar sua situação.

CONTEÚDO: AQUILO EM QUE VOCÊ DECIDE SE CONCENTRAR

Nos Capítulos 6 e 7 discutimos o conteúdo de uma conversa no que ela tem de objetivo ou pessoal. Agora vamos nos concentrar nos conteúdos que revelam seus pontos de vista.

O ponto de vista que você transmite é sombrio ou brilhante?

Toda situação tem aspectos de beleza e humor, assim como de feiúra e banalidade. Você tem uma escolha a fazer: em qual deles vai concentrar sua atenção e o que vai conversar com os outros. A opção que fizer pode levá-los a rotular você como um otimista que mantém seu coração aberto ou como uma pessoa ranzinza e egoísta.

Tomemos a experiência vivida por nossa amiga Mary Jane, que visitava alguns amigos na casa deles à beira de um lago, num magnífico dia de verão. Ela e seus anfitriões estavam sentados perto do lago usufruindo o dia lindo quando uma vizinha, Amelia, apareceu. Amelia mostrou-se simpática e calorosa e se uniu a eles. Ela comentou sobre a beleza do tempo e contou uma história engraçada. Mary Jane sentiu-se atraída por Amelia, com desejo de conhecê-la melhor. Outro vizinho, Perry, também apareceu, apresentou-se e começou a reclamar dos barcos a motor, de como faziam barulho e como poluíam o meio ambiente. Mary Jane se viu de repente alugada, obrigada a ouvir o discurso mal-humorado daquele homem. Ainda que os argumentos dele fizessem sentido, ela o viu como uma pessoa amarga, desagradável, que a estava privando da oportunidade de aproveitar aquela linda tarde e a conversa com seus amigos.

O assunto que você escolhe para falar em qualquer situação pode emitir mensagens claras a seu respeito. Quando opta por concentrar seu foco em algo negativo, como fez Perry, você dá a entender que é uma pessoa do tipo "copo-meio-vazio" e que tem grandes chances de ser um estorvo na convivência com os outros. Se, ao contrário, você decide se concentrar em coisas positivas ou divertidas, pode dar a impressão de que é capaz de encarar as coisas com um astral positivo e ser uma pessoa agradável.

Os riscos de Poliana

A maioria das pessoas aprecia um enfoque positivo sobre as coisas. Elas apreciarão se você falar mais sobre o lado agradável de uma situação do que sobre o lado ruim. Mas existe o que chamamos de "riscos de Poliana": falar apenas de coisas maravilhosas, como se só lhe acontecessem coisas fantásticas, e empilhar esses adjetivos uns sobre os outros pode deixar algumas pessoas irritadas e desconfiadas.

Eis aqui uma experiência vivida numa festa por nosso amigo Leon.

COURTNEY: A comida não é fantástica? Provou este queijo?

LEON: É, está delicioso.

COURTNEY: Puxa, eu adoro tudo isso. A comida é ótima e as pessoas aqui são tão simpáticas. Oi, meu nome é Courtney.

LEON: Eu sou Leon. E aí, você é amiga da Judy?

COURTNEY: Sou!! Isso não é incrível! As festas dela são sempre maravilhosas. Já veio a alguma antes?

LEON: Não. Eu acabei de conhecê-la. Começamos a trabalhar juntos há pouco tempo.

COURTNEY: Deve ser muito bom trabalhar com ela. Também trabalho com umas pessoas fantásticas. Elas são superlegais.

LEON: ...Isso é ótimo... Eh, preciso pegar uma bebida. Te vejo depois, Courtney.

Leon começou achando Courtney uma pessoa animada, mas logo em seguida achou-a superficial e tediosa por causa do excesso de comentários exclusivamente positivos. Se você, a exemplo de Courtney, considera tudo absolutamente maravilhoso, as pessoas podem duvidar da sua sinceridade e até da sua capacidade intelectual.

Então, como é possível ser positiva sem parecer uma pessoa boba? Tudo é uma questão de ordem e equilíbrio. Como mencionamos antes, começar com um aspecto positivo causa boa impressão. Mas, aos poucos, você pode contrabalançar comentários positivos, neutros ou críticos, à medida que eles forem naturalmente vindo à tona. Outra boa estratégia é perguntar a opinião dos outros. Courtney podia ter interrompido sua seqüência de observações exageradamente positivas para falar de algo sobre o qual não estivesse tão incrivelmente entusiasmada ou para pedir a opinião de Leon sobre como se sentia no novo emprego, por exemplo.

GRUDANDO EM VOCÊ

Quando se trata de conversa, é natural que as pessoas sejam o assunto mais interessante. Gostamos de falar de nós mesmos e das pessoas que conhecemos. Num primeiro encontro, podemos falar brevemente de nós, de nossos filhos e colegas de trabalho, falar sobre políticos e gente famosa. Mas tenha cuidado com o que diz dos outros. Vai descobrir que as coisas que você diz acabam grudando em você. Isso mesmo: o que fala sobre os outros ricocheteia e gruda em você. Psicólogos chamam este processo de "transferência de características".

Por exemplo, numa conversa casual, você se refere ao seu irmão que tem mania de ficar esparramado no sofá e que é viciado em tira-gostos gordurosos. Sabe o que pode acontecer? Seu novo conhecido, ao fim da conversa, acabará pensando em *você* como uma pessoa preguiçosa.

Ocorre que todos nós incorremos nessa trapalhada mental. De modo espontâneo e impensado, confundimos o que as pessoas falam sobre elas mesmas com o que falam sobre os outros. Felizmente isso também ocorre em relação às características positivas. Se descrever seu irmão como alguém que adora escrever poemas, *você* pode ser lembrado como uma pessoa criativa.

CONCLUINDO

Que tipo de visão de mundo e de si mesmo você transmite? Flexível ou rígida? Superior, inferior ou de paridade com os outros? Positiva ou negativa? Pense no seu estilo enquanto lê a lista de comportamentos a seguir. Verifique se adota essas atitudes normalmente, às vezes ou raramente.

COMPORTAMENTOS DE UMA PERSPECTIVA POSITIVA				
Se você faz isso	*Você pode parecer*	*Eu faço isso*		
		Normalmente	Às vezes	Raramente
Mostra-se flexível em circunstâncias que não lhe agradam	Pessoa tranqüila, que pensa nos outros, descomplicada			
É modesto em relação à sua posição	Agradável no convívio, acessível, com os pés no chão			
Mostra-se responsável por sua própria situação	Independente, confiante, no controle da situação			
Mantém o foco no lado positivo	Agradável, otimista, divertido			

MAL-ENTENDIDOS FREQÜENTES					
Se você faz isso	*Você pensa que parece*	*Mas pode parecer*	*Eu faço isso*		
			Normalmente	Às vezes	Raramente
Mostra-se inflexível em situações inesperadas	Determinado, sabe o que quer	Mimado, cheio de si, complicado, grosseiro			
Demonstra superioridade em relação aos outros	Importante, impressionante	Intimidante, inseguro			
Apresenta-se como muito inferior aos outros	Modesto, amável	Desajeitado, sem confiança em si mesmo			
Controla a situação e as ações dos outros	Generoso, prestativo, com iniciativa	Rígido, autoritário, controlador			
Põe a culpa nos outros	Honesto, direto	Difícil, carente, gosta de bancar a vítima			
Mantém o foco no lado negativo de uma situação	Direto	Antipático, desagradável			
Só fala de coisas positivas	Divertido, entusiasmado, para cima	Pouco inteligente, pouco sincero, alienado			

CAPÍTULO 10

Aprendendo a se expressar: as sutilezas do sex appeal

O último princípio fundamental é o sex appeal. Ele acrescenta um toque especial à primeira impressão que você causa. Mesmo que seja uma pessoa acessível, cordial e interessante, suas relações terminarão sendo um pouco insípidas se não demonstrar *pelo menos um pouco de sex appeal.*

Ele é muito mais do que mera sexualidade e não significa ficar exibindo seu corpo. As pessoas com mais sex appeal não costumam ser "exibidas". Esse poder de sedução tem a ver com muito mais coisas do que simplesmente as características físicas de alguém. Na maioria das vezes ele está ligado à postura ou atitude da pessoa, à confiança ou simpatia que ela inspira, muito mais do que à aparência física.

Isso é algo que se tem ou não tem. Mas na verdade é uma coisa que você pode controlar. Você pode adequar seu nível de expressão sexual fazendo os outros se sentirem mais à vontade à sua volta e levando a relação para um outro patamar e – se desejar – estabelecer um vínculo mais estreito, flertar de modo divertido ou mesmo dar início a um romance. Você pode deixar os outros com vontade de saber mais a seu respeito e se aproximar mais de você. Da mesma forma, se quiser estabelecer os limites do relacionamento, pode restringir um pouco sua expressão em termos de sex appeal.

Este capítulo traça em linhas gerais o processo e os elementos que compõem o estilo do seu sex appeal, que é sua capacidade de se abrir e se relacionar com alguém. O processo é o modo como você mostra o seu charme – o modo como manifesta que aprecia a companhia das outras pessoas e se sente atraído por elas, assim como pela confiança no seu aspecto físico. O seu estilo tem a ver com o modo – mais agressivo, passivo, mais ou menos simpático – com que você demonstra sua sexualidade.

PROCESSO: MOSTRANDO SEU SEX APPEAL

Para mostrar seu sex appeal, você pode concentrar sua atencão no seu corpo e na sua roupa. Mas, como dissemos, sex appeal é muito mais do que beleza física. Até as modelos mais famosas podem deixar a desejar se não forem capazes de se interessar pelos outros ou se ignorarem seus interlocutores.

Você expressa seu poder de sedução de muitas formas. Mas uma das maneiras mais importantes é através do seu interesse pelos outros – como responde e reage à relação com as pessoas. Você reage aos outros por meio do seu olhar, seu toque e demonstrando como se sente atraído por elas. Você também o expressa com o seu corpo e em como você se sente dentro dele – na maneira como demonstra orgulho e confiança pela sua aparência física.

Interesse: reagindo aos outros

Começaremos com um elemento importante e subestimado do sex appeal: o interesse pelos outros. Às vezes é um leve sinal que faz com que os outros percebam que chamaram a sua atenção de alguma forma e sintam-se especiais. E é sexy – faz com que as pessoas queiram ficar à sua volta e mais perto de você.

Uma mulher está andando pela rua a caminho do trabalho e vê um homem que acha atraente. Os olhares dos dois se encontram, ele desvia os olhos, mas ela o encara por um pouco mais de tempo.

Com o canto do olho, ele percebe esse olhar e arrisca um discreto sorriso ao passar por ela.

Uma mulher participa de uma reunião de trabalho. Ela acha o homem ao seu lado interessante e divertido. Ela toca levemente no braço dele ao lhe fazer uma pergunta.

Um homem está tendo seu primeiro encontro com uma mulher. Ele lhe pergunta sobre suas preferências, interessa-se por suas opiniões, quer saber tudo sobre ela. Ele se mostra disposto a se envolver e transmite essa energia.

Sexualidade tem a ver com o modo como reagimos. Trata-se de mostrar às pessoas, mesmo de forma muito sutil, que nós as achamos atraentes e interessantes. Esta é a essência do flerte. Ainda que as pessoas não respondam da mesma forma, elas provavelmente se sentirão bem consigo mesmas e, portanto, bem em relação a você. Quando você manifesta interesse e atenção, isso não significa necessariamente que queira ir além desse ponto nem indica uma abordagem sexual ou romântica. Pode ser apenas uma maneira de criar um momento especial entre vocês dois.

Então, se você tem interesse ou sente atração por alguém e deseja expressar esse sentimento, seja de maneira divertida ou de modo mais sério, como fazer isso logo num primeiro encontro? Há normas sobre o que é ou não apropriado para que as pessoas se sintam à vontade. Algumas formas simples de mostrar que se sente atração são pelo contato visual, toques sutis e demonstração de especial interesse.

A janela para o coração

Como descrevemos no Capítulo 5, o contato por meio do olhar é uma das maneiras mais básicas de demonstrarmos interesse por alguém. Se quer mostrar isso, sustente seu olhar por um tempo um pouco maior do que o normal. A pessoa rapidamente percebe essa atenção extra que lhe é dedicada e sente, quase sempre, um interesse maior por você.

COM QUANTOS OLHARES SE CONQUISTA UM HOMEM?

Mulher, o que é necessário para que um homem se aproxime de você num bar? Um olhar malicioso? Um sorriso furtivo?

Para estudar essa questão, especialistas realizaram uma experiência num bar. Uma pesquisadora sentou-se a uma mesa com uma mulher bonita de cerca de vinte anos, que serviu de parceira no experimento. A pesquisadora escolheu um homem e pediu à mulher atraente que estabelecesse um contato visual com ele uma ou várias vezes e, ao fazer isso, sorrisse algumas vezes, e em outras, não. Então, esperaram dez minutos para ver se o homem visado se aproximaria.

A pesquisa revelou que os homens precisavam de muita persuasão. Uma troca de olhares não bastava, mesmo se fosse acrescentado um sorriso. Só os homens com quem tinha estabelecido contato visual várias vezes, combinado com um sorriso, costumavam ser atraídos (60% das vezes) até a mesa. Todas as outras combinações funcionaram apenas em 20% das vezes ou até menos.

Ainda que nem todos os homens que receberam os olhares da mulher tenham se aproximado dela, eles provavelmente perceberam seu interesse e gostaram da atenção.

O efeito de um toque

Uma das maneiras de demonstrar atração ou interesse é por meio do toque. Na verdade, a palavra "flerte" vem do francês *fleureter*, que significa "tocar de leve". O ato de tocar envia uma mensagem ainda mais forte do que a transmitida pelo olhar. Ainda que o contexto em que isso aconteça seja muito importante, a maioria das pessoas aprecia ser tocada levemente, mesmo em situações não-românticas. Num primeiro encontro você pode tocar o parceiro com um gesto casual para chamar sua atenção ou para dirigir sua atenção para outro ponto qualquer. A mensagem costuma ser: "Eu gosto de você, sou uma pessoa afetuosa, sinto-me à vontade com o meu corpo." Ou pode significar: "Quero tocar mais em você." Pode ser um jeito de dar um sinal para ver como o outro vai reagir.

Interesse gera atração

Interesse gera interesse, como descrevemos no Capítulo 5. É também verdade que interesse gera atração.

Depois de uma conferência sobre vendas, um pequeno grupo de participantes reúne-se num coquetel para comentar o dia de cada um. Pauline, uma jovem representante de vendas, não conhecia muito bem nenhum dos outros, então ficou mais quieta e tratou de ouvi-los. Harry, um gerente de vendas, registrou a presença de Pauline e procurou atraí-la para a conversa. Ele lhe perguntou o que tinha achado do palestrante e ouviu seus comentários e observações. Reagiu dizendo que, até ouvir a opinião dela, não tinha dado muita atenção a alguns argumentos do palestrante. Acrescentou que ela era muito perspicaz. Harry então perguntou mais coisas sobre Pauline e a conversa entre os dois tornou-se animada e divertida. Mais tarde, naquela noite, ela disse a uma colega que achara Harry muito interessante e atraente.

O processo de sentir-se atraído e de gostar de alguém envolve uma forte reciprocidade. Se você for apresentado a três pessoas que o atraiam na mesma medida, mas ficar sabendo que uma delas manifestou interesse por você, passará a gostar mais dessa pessoa do que das outras. Pauline sentiu-se mais atraída por Harry do que pelos outros homens do grupo porque ele lhe deu destaque e mostrou que gostava dela. Quando você demonstra que sente esse tipo de atração, a outra pessoa provavelmente vai se sentir lisonjeada, vai ficar mais à vontade e atraída por você.

Muitas vezes nossos clientes ficam com receio de mostrar seu interesse e atração, temendo ser rejeitados. O que eles não compreendem é que, ao demonstrar seu interesse, eles na verdade diminuem a probabilidade de rejeição.

É claro que não podemos fazer com que todos gostem de nós ou sintam algum tipo de atração romântica só por demonstrarmos que gostamos deles. Atenção! Se exagerarmos na dose, o efeito pode ser o contrário do que esperávamos. Apesar disso, em geral temos mais a ganhar do que a perder ao mostrarmos nosso interesse sincero.

À vontade na própria pele: a emoção do corpo

Mostrar-se aberto aos outros ou manifestar nossa atração por eles é a base do sex appeal. Mas a sua presença física também é importante. Não apenas suas características físicas, mas o modo como se sente em relação ao seu corpo, como anda e se mexe. Você não escolheu seu tipo físico. Mas tem uma escolha quando se trata da forma de apresentar o seu corpo. Pense num ator que pode parecer insípido ou sexy, dependendo de como se apresenta. Ele pode ser Super-Homem ou Clark Kent. Mesmo corpo, impacto diferente. Isto vale para você, que pode escolher a impressão que deseja causar.

Você revela como se sente a seu respeito pela sua postura e pelo jeito como caminha. Se você se sente atraente, vai apresentar-se de um modo positivo, os outros se sentirão bem na sua presença e vão achá-lo mais atraente. Do mesmo modo, quando você tem uma visão negativa do seu físico, os outros ficarão contagiados por essa emoção negativa e se sentirão pouco à vontade ao seu lado. Resultado: *você vai realmente parecer menos atraente.*

A maior parte das pessoas não tem plena consciência da impressão que seu corpo e seus gestos causam nos outros. Você sabe a aparência que tem e o que está vestindo. Mas os outros percebem em nós detalhes que não percebemos. Eles notam se estamos à vontade ou se há alguma energia mal dirigida, como gestos e movimentos que expressam nervosismo. Eles percebem como nos sentimos a respeito de nós mesmos.

UM ASSUNTO DELICADO

Um toque, mesmo da parte de um estranho, pode ter um forte impacto. Em geral, quando um estranho nos toca de leve, isso tem um efeito positivo sobre o modo como nos sentimos em relação àquela pessoa.

Numa experiência, pesquisadores instruíram bibliotecários para tocarem em alguns sócios ligeiramente ao devolverem seu cartão da biblioteca. Os que foram tocados disseram ter visto o bibliotecário e a biblioteca de maneira mais simpática e afirmaram também terem se sentido mais dispostos do que os sócios que não tinham sido tocados. Esses sentimentos positivos foram suscitados independentemente do fato de os bibliotecários serem do sexo masculino ou feminino.

Em outra pesquisa, pessoas que circulavam por um shopping center foram abordadas para serem – supostamente – entrevistadas. Os pesquisadores tocavam em algum ponto entre o ombro e a mão de algumas pessoas, ou não tocavam nelas. Então, deixavam cair alguns papéis e observavam se elas ajudavam ou não a pegar o material que havia caído. Concluíram que o fato de tocar fazia com que as pessoas se mostrassem mais prestativas e que tocar no braço era o gesto que tinha mais impacto. O sexo da pessoa também influía. As mulheres que entrevistavam e tocavam nos passantes do sexo masculino na parte superior do braço eram as mais ajudadas.

Então, em geral, se você toca levemente em alguém num primeiro encontro, a pessoa pode sentir maior simpatia por você.

Você mostra como se sente a seu respeito pelo modo como lida com seu corpo e o apresenta ao mundo. Como você se apresenta? Sente-se à vontade ou comporta-se como se houvesse alguma coisa que quisesse esconder? Você habita plenamente o seu corpo ou tem a impressão de que ele é algo separado de você ou até mesmo um fardo? Nossos clientes apresentam seus corpos de muitas maneiras: eles o assumem completamente ou tratam de escondê-lo, consciente ou inconscientemente. Demonstram orgulho ou vergonha. Cada uma dessas posturas envia mensagens sobre como a pessoa se sente consigo mesma – um fator-chave do sex appeal.

AQUILO EM QUE VOCÊ ACREDITA PODE SE TORNAR REALIDADE

Gostamos das pessoas por muitas razões: porque elas são legais, divertidas ou interessantes. E tendemos a não gostar delas se são desonestas, chatas, e assim por diante. Mas há um outro fator que determina o quanto gostamos de alguém: o quanto achamos que ele ou ela gostam da gente.

Numa experiência, pesquisadores disseram a alguns dos presentes que um outro participante gostava ou não deles. Depois pediram-lhes que conversassem com essa pessoa por dez minutos. Os resultados mostraram que, quando os participantes pensavam que a outra pessoa gostava deles, a tendência era gostar mais dessa pessoa. Em contrapartida, quando pensavam que alguém não gostava deles, viam essa pessoa com antipatia.

Aquilo em que você acredita pode vir a se tornar realidade. Se pensa que as pessoas o apreciam, você as tratará de modo mais amável fazendo com que elas gostem mais de você. Se acha que elas não o admiram, isso vai influenciar o seu comportamento e elas provavelmente gostarão menos de você.

Gostando do lado físico do seu eu

Jessica, uma mulher pequena e gorducha, entrou no bar para encontrar seu consultor. Jessica estava vestida de um jeito que favorecia sua aparência. Ela se sentou diante de Nick, se apresentou com um largo sorriso e começou a falar. Nick gostou dela imediatamente. Só pelo jeito de se apresentar, Jessica enviou uma mensagem: ela tinha confiança em si mesma, era divertida e também sexy. Parecia satisfeita com ela mesma e esperava que os outros a achassem interessante. E foi o que Nick achou.

Quando Nick falou da impressão que ela lhe tinha passado, Jessica explicou que nem sempre tinha se apresentado dessa forma. Ela costumava não se sentir à vontade com o próprio corpo. Para compensar essa insegurança, era um pouco espalhafatosa ao encontrar as pessoas, falando alto demais, com entusiasmo demais, como se estivesse tentando desviar a atenção do seu corpo. Mas em algum momento ela concluiu que, quando se mostrava confiante e descontraída, os outros reagiam de modo diferente. Observou que os homens se sentiam muito mais atraídos por ela e estabeleciam um vínculo mais rapidamente quando ela mostrava orgulho pelo seu corpo e não dava sinais de nervosismo.

Auto-avaliação

Como os outros pensam que eu me sinto em relação ao meu corpo? Pareço à vontade na minha própria pele?

O disfarce

Algumas pessoas expressam suas dificuldades em relação ao seu corpo concentrando-se em alguma característica que consideram desvantajosa. Tomem por exemplo nosso cliente Justin. Ele é um homem de constituição física robusta, cabelos pretos, na faixa dos trinta e poucos anos e com olhos expressivos. Justin cumprimentou sua consultora com um aperto de mão e um sorriso "fechado", apresentou-se e lhe ofereceu um lugar. Ao longo da conversa, a consultora sentiu que Justin emitia uma vibração estranha. Ele parecia contido e pouco à vontade, não sorria, e as feições do seu rosto nunca relaxavam completamente.

Quando na avaliação a consultora discutiu o encontro e falou da reserva que ele demonstrara, Justin explicou que havia realmente gostado da conversa e que tinha simpatizado com ela. Não sorrira porque seus dentes eram tortos. Procurava escondê-los porque achava seu sorriso feio. A consultora ajudou-o a compreender que, ao não sorrir direito, ele sem saber enviava uma mensagem: a de

CHARME X BELEZA

Tanto beleza como carisma contribuem para que pareçamos atraentes. E certamente percebemos quando possuímos um desses dois predicados ao encontrarmos alguém pela primeira vez. Mas o que nos afeta mais? O que nos torna mais cativantes ou atraentes?

Psicólogos saíram em busca das respostas. Eles gravaram em vídeo indivíduos que eram classificados segundo sua beleza física e seu carisma (sua habilidade em situações sociais e para se expressar emocionalmente) à medida que entravam na sala e se apresentavam para duas pessoas. Depois, mostraram a participantes da pesquisa vídeos silenciosos desses momentos de relação e pediram que classificassem os indivíduos segundo sua simpatia.

Os resultados mostraram que tanto a beleza como a habilidade em situações sociais e a expressividade emocional faziam com que os participantes gostassem mais de determinadas pessoas, mas, desses atributos, a beleza era o que pesava menos. Em outras palavras, o charme venceu.

que não tinha gostado dela ou de que era desajeitado demais para travar um simples contato social. Quando abriu a boca num sorriso – autêntico, cordial, apesar dos dentes tortos –, Justin passou a impressão de ser uma pessoa mais agradável e simpática.

Auto-avaliação

Sou especialmente suscetível a algum aspecto do meu físico que considero negativo, a ponto de tentar escondê-lo ou compensá-lo quando me encontro com alguém? Tenho consciência da impressão que causo ao fazer isso?

Alguns de nossos clientes dão uma atenção exagerada a aspectos da sua aparência física que julgam ser problemáticos, pensando que os outros darão importância a esses defeitos na mesma medida que eles o fazem. Lembram da "ilusão dos refletores" de que falamos no Capítulo 4? As pessoas costumam superestimar o grau de atenção que os outros vão dar aos detalhes da sua aparência física. Elas imaginam que estão debaixo de um refletor. E, a exemplo de Justin, algumas pessoas acabam atraindo mais atenção para o que julgam ser seus defeitos ao tentar compensá-los de alguma forma com o seu comportamento.

Pode ser que você nunca vá realmente se sentir 100% à vontade com certos aspectos da sua aparência. Se pode e deseja mudá-los, vá em frente. Mas também pode vir a aceitá-los, em vez de ficar centrado neles. Talvez pareça um grande desafio tentar superar impressões há muito consolidadas dentro de você, mas é mais fácil do que parece. Tente agir como se você se sentisse bonito e à vontade; esta sua crença poderá se tornar realidade. Por exemplo, Justin experimentou mostrar um largo sorriso ao encontrar novas pessoas. Quando nenhuma delas recuou horrorizada, e na verdade reagiram de forma positiva, ele começou a se sentir mais à vontade com o seu sorriso. Quando se sentiu melhor na própria pele, ele se tornou mais agradável também aos olhos dos outros.

Ainda que as pessoas não sejam capazes de detectar isso com facilidade – este "estar à vontade" com a própria aparência física –, o fato de não desviarmos energia para procurar disfarçar detalhes do nosso corpo nos torna mais atraentes. Sentir-se confortável com o próprio corpo passa a idéia de que você não tem inibições em relação à sexualidade e é capaz de dar atenção aos outros, o que faz com que pareça mais sexy do que as outras pessoas.

ESTILO: A SUA INTENSIDADE SEXUAL

Até aqui falamos dos elementos que compõem o seu charme e sua emoção corporal. Eles formam o conteúdo do seu sex appeal. Agora vamos falar do seu estilo – a forma como você o apresenta para os outros. Seu estilo é agressivo, passivo ou divertido? É sexualmente expressivo ou sexualmente contido? Você tem consciência do estilo que adota e de como os outros reagem a ele?

Auto-avaliação

Na maior parte das situações sou mais ou menos sexualmente expressivo? Tenho tendência a exibir ou a restringir minha sexualidade? Se 10 é extremamente sexy e 1 nem um pouco sexy, que número nessa escala descreveria minha postura?

Sua sexualidade é parte de quem você é, seja homem ou mulher, hétero ou gay, muito feminina ou muito masculino. *É como você se sente a respeito de você mesmo.* Passamos sempre algum grau de expressão sexual em todas as situações sociais – em rápidas saídas à rua, em festas, em encontros. Mesmo em encontros de negócios e ocasiões sérias, percebemos expressões da sexualidade dos outros, apesar de optarmos por não focar nossa atenção nelas, nem reagir a elas.

Se você expressa alguma sexualidade, ainda que de forma sutil – pelo jeito que olha para as pessoas ou reage a elas –, provavelmente fará com que os outros se sintam bem com eles mesmos e, portanto, à vontade em relação a você, mesmo que não tenham consciência do motivo pelo qual se sentem assim. É algo sempre positivo. Se não demonstra sexualidade de espécie alguma e não reage aos outros, pode fazer com que imaginem, pelo menos inconscientemente, que você não tem qualquer atração por eles. Isso pode traduzir uma rejeição forte ou sutil, dependendo da pessoa e da situação. Pode deixar os outros à sua volta pouco à vontade ou no mínimo fazer com que não desejem muito estar na sua companhia.

Então, em que medida se deve demonstrar sex appeal num primeiro encontro? Não há regras rápidas ou difíceis; depende da situação específica. Mas, dito isso, temos observado que há algumas poucas maneiras pelas quais as pessoas erram – ou para mais ou para menos – ao tentar resolver esse problema.

Exibicionismo: o enfoque agressivo

Scott, um de nossos clientes, foi ao encontro de sua consultora com o peito estufado, vestindo uma camisa bem justa e uma calça jeans apertada. Ao se apresentar, ele se inclinou na direção de Susan e sentou-se do outro lado da mesa diante dela. Ao longo da conversa, Scott mais de uma vez procurou exibir o seu corpo ao movimentar os ombros e ao descrever os exercícios que pratica todos os dias.

Na sessão de avaliação, a consultora pediu que Scott comentasse sua linguagem corporal. Scott disse que se esforça muito para se manter em forma e que gosta de mostrar o corpo que tem. Sua consultora disse-lhe que ele tem realmente um corpo sexy, mas, ao tentar atrair tanta atenção para isso num primeiro encontro, passa sem querer a idéia de que está insatisfeito ou preocupado com sua aparência física e seu sex appeal.

Contenção: o enfoque passivo

Alguns de nossos clientes tendem a pecar pelo extremo oposto e acabam mostrando-se excessivamente contidos. Tomemos, por exemplo, Eddie, um homem atraente na casa dos quarenta e poucos anos. Eddie marcou um encontro com Susan no café de um hotel. Ele mostrou-se bastante hábil ao engajar Susan numa conversa e em encontrar interesses comuns entre os dois. Apesar do charme demonstrado por Eddie, Susan não se sentia num encontro romântico com um possível namorado. Ao contrário, tinha a impressão de que estava num agradável bate-papo com algum primo distante. Em termos superficiais, Eddie não fez nada de errado. O que ocorreu é que um excessivo controle e uma certa reserva na sua linguagem corporal restringiam sua sexualidade natural. Ele não parecia estar se soltando, tanto física como emocionalmente, nem parecia estar envolvido com aquele momento.

Na sessão de avaliação, a consultora contou a Eddie que não se sentira como se estivesse num encontro romântico – e que ele parecia esconder sua sexualidade ou estar se contendo. Eddie explicou que se sente pouco à vontade em encontros desse tipo e gosta de conduzir a conversa de maneira bem tranqüila.

Ainda que ofereça poucos riscos, essa maneira de agir pode fazer com que os outros não fiquem à vontade ou se sintam desvalorizados de um modo que eles não conseguem expressar claramente. Podem achar que foram responsáveis por suscitar uma reação de frieza, talvez por não serem suficientemente atraentes ou charmosos. Manter um controle excessivo sobre o aspecto sexual da sua personalidade pode limitar a duração dos seus contatos com os outros.

O enfoque divertido

Nosso amigo José teve um primeiro encontro com Jenny, que era comunicativa e risonha. Ela provocou José fazendo comentários sobre seus sapatos laranja. Ele mexeu com ela por ter chegado atrasada. Jenny achou graça. Eles aprenderam muito um sobre o outro. Perceberam que concordavam sobre várias coisas e que estavam estabelecendo uma verdadeira conexão.

O estilo divertido de Jenny conquistou José e fez vir à tona seu próprio estilo descontraído. Ambos mostraram que encaram a vida como uma fonte de prazer. A marca registrada desse enfoque da expressão da sexualidade é a descontração e a capacidade de curtir o momento de encontro. Isso ajuda a estreitar sua ligação com alguém. Não só Jenny e José entraram em sintonia como manifestaram um ao outro este sentimento. De modo divertido, mexeram um com o outro e riram deles mesmos. Mostraram ter confiança e espontaneidade.

Há várias maneiras de se expressar sexualmente. Mas, como costuma acontecer nas primeiras impressões, você deixará os outros mais à vontade se ajustar o grau de expressão de sua sexualidade à da pessoa com quem está lidando e às circunstâncias de cada situação, seja uma reunião de trabalho seja um primeiro encontro de natureza romântica. Se observar primeiro como seu interlocutor se comporta e tentar se adaptar, é provável que envie uma mensagem positiva: a de que o outro é uma companhia agradável. Se deseja criar um vínculo mais estreito com alguém, tente mostrar um pouco mais da sua sexualidade e do seu interesse e verifique se a pessoa o acompanha nessa direção. Então, ajuste sua postura de acordo com a reação. Mas, se quiser manter distância de alguém, pode comunicar sutilmente essa intenção restringindo um pouco sua expressão sexual.

MAIS DURO OU MAIS SUAVE?

Ao encontrar um par romântico em potencial, você deveria mostrar seu lado mais viril e masculino ou seu lado mais terno e feminino? Ou ambos?

Psicólogos têm registrado quais são as características que as pessoas costumam preferir em parceiros para uma única noite, para namoro ou para casamento. Eles pediram especificamente aos participantes de uma pesquisa que classificassem pessoas do sexo oposto em relação à atração que exerciam e que relacionassem as respostas tanto a características masculinas (por exemplo, independentes, competitivas, confiantes) quanto femininas (emotivas, ternas, prestativas).

Os resultados mostraram que tanto homens como mulheres preferem pessoas com características andróginas, ou seja, características masculinas *e* femininas. Esta preferência diz respeito a todos os tipos de relacionamentos – para uma só noite, para namoro e casamento.

Portanto, homens e mulheres: não tenham medo de mostrar seus dois aspectos, tanto sua confiança como suas emoções. Eles formam uma combinação atraente.

CONCLUINDO

Sex appeal é muito mais do que sua aparência e de como você se veste. Como mostrá-lo? Com seu interesse pelo outro, com o seu corpo, com o seu estilo? Você costuma expressar sua sexualidade mais ou menos do que os outros? Como as pessoas reagem? Você pode fazer experiências adotando um dos comportamentos listados a seguir e verificando se os outros mudam seu modo de reagir em relação a você.

Pense no seu estilo enquanto lê a relação de comportamentos. Verifique se tem alguma dessas atitudes normalmente, às vezes ou raramente.

SEX APPEAL: COMPORTAMENTOS POSITIVOS				
Se você faz isso	*Você pode parecer*	*Eu faço isso*		
		Normalmente	Às vezes	Raramente
Mantém contato com os olhos discretamente	Alguém com quem se está à vontade, socialmente interessado			
Sustenta o olhar na direção de alguém mais demoradamente	Interessado, atraído			
Toca de leve nos outros	Cordial, amável, interessado			
Demonstra satisfação com o próprio corpo e acredita que é simpático	Simpático, sexy, confiante			
Interage com as pessoas de maneira divertida	Divertido, à vontade consigo mesmo, sexy			

MAL-ENTENDIDOS FREQÜENTES					
Se você faz isso	*Você pensa que parece*	*Mas pode parecer*	*Eu faço isso*		
			Normalmente	Às vezes	Raramente
Faz pouco contato visual com os outros	Normal, respeitoso	Desinteressado, tímido, desajeitado, hostil			
Encara fixamente o outro	Interessado, intenso	Ameaçador, socialmente inadequado			
Escondo a parte do seu corpo que considera feia	Mais atraente	Socialmente inábil, inibido, inseguro			
É exibicionista com sua sexualidade	Sexy, atraente, acessível	Carente de atenção sexual ou preocupado com sexo			
Esconde sua sexualidade	À vontade, tranqüilizador	Desinteressado pelos outros, hostil, sexualmente frio			

Parte III

Aperfeiçoando seu estilo para causar boa impressão

A esta altura você provavelmente já pensou muito a respeito da primeira impressão que causa. E pode ser que tenha algumas idéias sobre o que gostaria de mudar – talvez introduzir novos temas de conversa, revelar um pouco mais de si mesmo ou falar um pouco menos. Mas é provável que esteja um tanto confuso ou inseguro sobre como os outros o vêem e o que fazer a esse respeito.

Este é o objetivo desta parte do livro: ajudar você a compreender o seu próprio estilo de causar uma primeira impressão e aprender como melhorá-lo, adotando algumas mudanças, se você quiser.

CAPÍTULO II

Ter consciência: eu faço isso?

Esta é a sua chance de concentrar o foco em você mesmo nos mínimos detalhes. Você já veio se avaliando no decorrer do livro, já ouviu de pessoas amigas sobre a impressão que você causa. Vamos agora dar mais um passo adiante.

QUE TIPO DE IMPRESSÃO VOCÊ CAUSA DE VERDADE?

Há nove passos que você pode dar para avaliar com clareza o seu estilo pessoal. Cada passo inclui um exercício de auto-investigação. Uma boa maneira de processar as informações obtidas durante o exercício é fazer uma lista das coisas que você aprendeu sobre si mesmo à medida que for avançando no capítulo. Pegue uma folha de papel e escreva *Pontos Fortes* no lado esquerdo e *Pontos Fracos* no direito. Enquanto for fazendo os exercícios em cada um dos passos, registre uma ou duas coisas em cada coluna. Não analise ainda esses dados; mais adiante mostraremos como organizar essas informações.

PRIMEIRO PASSO: SAIBA O QUE VOCÊ OFERECE AOS OUTROS

Vamos começar com aquilo que você oferece aos outros ao conviver com eles. Você faz com que se sintam apreciados, conectados com você e animados? Estas são as dádivas sociais que discutimos na Parte I. Quanto mais benefícios você proporcionar aos outros, melhor será a primeira impressão que vai causar. Se priva os outros desses benefícios, você pode estar recebendo mais do que está dando e causar uma impressão menos favorável.

Muitas pessoas apresentam uma combinação de elementos fortes e fracos. Por exemplo, alguém pode ser bastante informativo e esclarecedor, mas ao mesmo tempo não ser muito capaz de valorizar e reconhecer as qualidades dos outros. Outros se conectam bem, mas são pouco animados ou divertidos.

E você? Quais são seus pontos fortes e fracos? Para se avaliar, faça o pequeno teste da página 202 e veja até que ponto há equilíbrio entre suas qualidades e defeitos.

Todos os comportamentos citados emitem mensagens positivas; logo, as áreas em que você demonstra essa atitude normalmente são seus pontos fortes. Os comportamentos em que você marcou a coluna "às vezes" ou "raramente" são seus pontos fracos. Anote na lista que você preparou seus pontos fortes e fracos.

SEGUNDO PASSO: EXPLORE OS PONTOS BÁSICOS DA PRIMEIRA IMPRESSÃO

Os sete princípios básicos da primeira impressão oferecem outra maneira de se auto-avaliar: ser acessível, demonstrar interesse, discutir temas objetivos, revelar um pouco sobre si mesmo, aplicar a dinâmica da conversa, manifestar uma visão de mundo e exercer seu sex appeal. Volte a examinar as tabelas de auto-avaliação no fim de cada capítulo da Parte II. Se não colocou marcas de avaliação nas tabelas, faça-o agora.

Se olhar suas marcas, verá onde residem seus pontos fortes. Há um ou mais princípios básicos nos quais você seja particularmente forte? Se perceber, por exemplo, que a coluna "normalmente" foi marcada várias vezes nos comportamentos que mostram a vontade de auto-revelação, então a tendência a "se revelar" é um ponto forte. Se na tabela relativa à acessibilidade você inadvertidamente emite diversas mensagens negativas, acessibilidade então seria um ponto fraco seu.

Não há uma regra que determine quantos "normalmente" contra tantos "raramente" contabilizam um ponto forte ou um ponto fraco. Isso só pode ser aferido em comparação com as outras áreas. Você pode apresentar normalmente muitos comportamentos positivos e só ter um único item em que os apresenta apenas "às vezes". Não é nada mau, mas *para você* isso representa um ponto fraco.

Então, se você acha que é forte ou é fraco em relação a algum desses princípios básicos, anote na sua lista.

DÁDIVA SOCIAL: COMPORTAMENTOS LIGADOS À PRIMEIRA IMPRESSÃO			
Quando encontro alguém novo, eu...	Normalmente	Às vezes	Raramente
Faço com que os outros se sintam valorizados?			
Elogio os outros pelos seus talentos e realizações?			
Sorrio e me inclino na direção dos outros para ouvi-los?			
Faço perguntas sobre os outros?			
Ouço ativamente quando os outros falam?			
Faço com que os outros se sintam conectados comigo?			
Ajusto as revelações a meu respeito às que são feitas pelos outros?			
Presto atenção no quanto as pessoas gostam de falar e então complemento?			
Mostro minhas próprias vulnerabilidades e rio de mim mesmo?			
Demonstro modéstia pela minha posição em relação à dos outros?			
Eu levanto o astral dos outros?			
Sorrio quando encontro alguém novo?			
Crio uma atmosfera positiva capaz de atrair as pessoas?			
Transmito energia e emoção através da minha voz?			
Começo com comentários positivos, deixando os comentários mais críticos para depois?			
Eu interesso os outros?			
Abordo temas variados?			
Partilho observações sobre o dia-a-dia?			
Partilho com os outros o que me entusiasma e interessa?			
Resisto à tentação de falar demais e em detalhes sobre minha vida?			

TERCEIRO PASSO: IDENTIFIQUE ATITUDES ESPECÍFICAS QUE SÃO SUAS MAIORES VANTAGENS E DESVANTAGENS

A esta altura você provavelmente já pensou: "Epa, eu costumo fazer isso" a propósito de alguns comportamentos específicos. Talvez tenha se conscientizado de que fala um pouco demais ou se preocupa muito em impressionar os outros. Esses comportamentos que provocaram seu "epa" podem ou não se incluir entre "as dádivas sociais" relacionadas no quadro ao lado, ou entre os princípios básicos da primeira impressão. Eles podem ser gafes eventuais fora dessas categorias.

Dê uma nova olhada nas tabelas de auto-avaliação de cada capítulo da Parte II. Um ou dois dos comportamentos provocaram algum "epa" da sua parte? Trata-se de algo que gostaria de mudar? Se for este o caso, acrescente-os à sua lista de pontos fracos.

QUARTO PASSO: REFLITA SOBRE SUAS SUSCETIBILIDADES SECRETAS

Quase todos nós temos algumas características que nos deixam um pouco inseguros. Quando nos vemos diante de uma situação nova, podemos tentar esconder ou compensar o que consideramos um defeito. Ainda que você possa achar que está causando uma boa impressão, esses comportamentos de compensação muitas vezes, sem querer, acabam enviando mensagens negativas.

Se, por exemplo, você se sente inseguro sobre sua situação financeira – talvez ganhe menos do que os outros ou recentemente tenha sido demitido –, pode querer inserir de forma sutil na conversa alguma informação que vise impressionar, tentando compensar aquela desvantagem – a descrição de uma viagem recente, por exemplo. No entanto, o tiro pode sair pela culatra, chamando a atenção para a área em que você se sente inseguro. Se é especialmente sensível em relação ao seu aspecto físico, pode querer compensar sendo mais espalhafatoso ou mais quieto e menos charmoso do que a sua personalidade natural.

Existe alguma área em que você se sinta um pouco inseguro ou constrangido? Isso acontece com quase todos nós. Sempre tenta compensar esse aspecto ou escondê-lo quando encontra uma nova pessoa? É possível que inadvertidamente esteja enviando mensagens negativas. Tome nota na sua lista de quaisquer comportamentos "de compensação".

Em nossa grande maioria mostramo-nos também especialmente sensíveis a algumas situações. Talvez você odeie ir às festas da empresa da sua mulher porque não se lembra mais da cara de ninguém e não sabe do que falar. Ou odeie encontrar os amigos de um novo namorado ou namorada, porque se sente inseguro, como se estivesse sendo julgado por eles. Você age de forma diferente nessas situações? Mostra-se mais reservado, fala demais ou faz pose? Tome nota de alguns desses comportamentos associados a situações específicas.

QUINTO PASSO: PENSE EM COMO, NO PASSADO, AS PESSOAS REAGIRAM A VOCÊ

Mesmo antes de começar a ler este livro, você provavelmente já sabia algo sobre o estilo que adota num primeiro encontro – tanto seus aspectos positivos quanto o que considera suas desvantagens. Ao longo da vida, as pessoas têm manifestado suas reações – o que é uma espécie de *avaliação* – mesmo que você não tenha prestado muita atenção ou que ainda não tenha refletido sobre isso. Essa reação pode ter sido, em grande parte, indireta. Se as pessoas o ouviram com o maior interesse, se fizeram perguntas a seu respeito ou revelaram coisas sobre elas mesmas, mostraram que você passou uma imagem positiva. As pessoas podem mesmo dizer diretamente que gostaram de você desde o momento em que o viram. Talvez o elogiem pelo seu senso de humor, seu charme ou pela facilidade com que se conecta com os outros.

As pessoas também podem emitir sinais de que você não está passando uma imagem muito boa. Se exagerou contando histórias longas e detalhadas demais, podem se mostrar distraídas ou arrumar uma desculpa para se afastar. Algumas podem até dizer mais tarde, quando o conhecerem melhor, que a impressão inicial não foi tão positiva como a imagem que formaram depois. Talvez alguém tenha a princípio achado você distante e antipático, mas, após conhecê-lo mais, descobriu em você uma pessoa simpática e cativante.

Ao pensar nessas reações, ou lembrar delas, reflita: quais as reações positivas mais comuns e quais os equívocos mais freqüentes que o levaram a ser mal interpretado? Você sabe qual foi o gesto ou atitude que pode ter levado ao mal-entendido? Foi sua linguagem corporal, algo que disse sobre si mesmo ou o modo como reagiu a essas pessoas? Mais uma vez, acrescente esses itens à sua lista de pontos fracos e pontos fortes.

SEXTO PASSO: SOLICITE UMA OPINIÃO SOBRE SEU ESTILO

Tentar se lembrar de ocasiões passadas em que pessoas reagiram ao seu estilo pode ser útil, mas tem suas limitações. Nem todo mundo se sente à vontade para oferecer uma opinião sobre um assunto desse tipo, mesmo para um amigo muito íntimo, e sobretudo se a avaliação foi negativa. Por isso é particularmente difícil obter dos outros uma avaliação crítica sincera – a não ser que você peça isso de maneira construtiva.

O ambiente de trabalho é um bom lugar para você buscar uma *avaliação* sobre como seu estilo foi visto num primeiro encontro. Com seus colegas ou seu gerente você pode aprender algo sobre sua forma de se comunicar ou sobre a habilidade que demonstra no contato com os clientes. Algumas firmas contratam consultores como nós para oferecer uma avaliação detalhada e individualizada de seus empregados.

Provavelmente você tem menos chances de saber como se sai em situações sociais – quando, por exemplo, conhece novas pessoas numa festa. No entanto, sempre é possível obter um retorno nesse sentido.

Eis algumas dicas sobre algumas maneiras interessantes de se obter um *avaliação* e de aprender com os outros:

1. Escolha um amigo ou amiga de confiança cujo estilo você admire e que você considere sensível e com capacidade de observação. Explique que você quer saber mais sobre a primeira impressão que causa e seu estilo de se comunicar com as pessoas.

2. Pergunte a esse amigo que impressão ele acha que você passa ao encontrar pessoas pela primeira vez.

3. Peça a essa pessoa para começar enumerando algumas coisas positivas que você faz e depois citar apenas uma ou duas coisas que ela acha que você poderia fazer melhor. É mais fácil para o seu interlocutor contribuir desta maneira, fazendo observações construtivas.

4. Peça que seu amigo seja específico. Se ele disser que você parece "amistoso" ou "reservado", peça que diga exatamente o que o levou a ter essa impressão. Peça-lhe que aponte quaisquer palavras, gestos ou movimentos que tenham chamado a atenção dele.

5. Saiba que pode ser difícil para um amigo fazer uma observação crítica. Talvez você torne as coisas mais fáceis para ele criticando a si mesmo antes, como, por exemplo: "Acho que às vezes corto a palavra das pessoas. Você já reparou nisso?"

6. Aceite a crítica sem assumir uma postura defensiva! Não rebata ou negue a percepção dos outros. Esteja preparado para ouvir algo de que nem desconfia. Foi esse o motivo que o fez pedir a

opinião de outra pessoa. Você vai aprender muito mais se aceitar essa avaliação e agradecer ao seu amigo pela ajuda.

Lembre-se: toda crítica, mesmo quando solicitada, é difícil de ouvir. A nossa intenção é sempre impressionar bem os outros. Ouvir que você parece de algum modo desagradável pode, a princípio, ser surpreendente e doloroso, mas é vital para aprender algo sobre si mesmo e abandonar um estilo que não representa realmente quem você é.

Para isso existem as amizades confiáveis. Às vezes a única maneira de tomar conhecimento de alguns aspectos específicos que nos escapam é por intermédio de um amigo. Descobrimos que muitos de nossos clientes não faziam a menor idéia de que estavam emitindo alguns sinais negativos. Como de um modo geral eram pessoas bem-sucedidas, tanto profissionalmente como no campo pessoal, nunca haviam percebido, até oferecermos nossa avaliação, que tinham um ou dois comportamentos que não eram vistos com bons olhos pelas outras pessoas.

SÉTIMO PASSO: SÍNTESE

A esta altura você talvez já tenha uma lista de comportamentos relacionados nas colunas "pontos fortes" e "pontos fracos". Agora pode se concentrar em sintetizar essa informação em um ou dois itens que sejam significativos para você.

Comece pelas coisas boas: olhe para as suas anotações escritas na coluna dos "pontos fortes". Quais são as suas características mais positivas quando se trata de causar uma primeira boa impressão? O que você costuma fazer normalmente que causa boa impressão nos outros? De que modo você faz com que os outros se sintam bem com eles mesmos? Que comportamentos especialmente simpáticos você costuma adotar sem qualquer esforço?

Marque alguns comportamentos que se destacam no seu caso.

Reconheça as coisas positivas que faz e alegre-se por ter esses dons. Elas compõem o seu charme, algo que é uma característica pessoal sua, e têm sido valiosas para fazer amigos e estabelecer relações positivas. Confiar nas suas qualidades positivas numa situação nova ou constrangedora faz você se sentir confiante, transmitindo uma boa impressão.

Então pense nos comportamentos em que "poderia ser melhor": procure nas suas anotações seus pontos fracos, as coisas que você faz, muitas vezes sem se dar conta, e que poderiam emitir mensagens negativas. Mas antes de marcar qualquer coisa e antes de mudar seu estilo, é muito importante pensar no estilo que você gostaria de adotar. Lembre-se de que a maneira como deseja se apresentar é uma escolha muito pessoal. Não quer dizer que você vá assumir um jeito de ser em função do desejo dos outros, ou mudar numa direção recomendada por outra pessoa – *se você não tiver vontade de fazer isso.* A maneira como você se apresenta deve refletir o modo como deseja parecer, a *sua* imagem ideal de si mesmo.

OITAVO PASSO: EXPLORE SEU "ESTILO IDEAL"

Que imagem você *quer* passar? Apostamos que você nunca se fez essa pergunta de modo tão direto. Mas, agora que refletiu com alguma profundidade sobre as primeiras impressões, provavelmente é capaz de responder a essa pergunta. Pense sobre isso antes de fazer qualquer mudança no seu estilo pessoal.

Quer ser a alma da festa? Quer passar a impressão de alguém tranqüilo e discreto? Quer fazer com que os outros sintam que você se importa com elas e as compreende? Que é alguém divertido, cuja conversa tem substância e conteúdo? Talvez queira enfatizar uma ou mais dessas qualidades. Ou talvez queira alcançar um sólido equilíbrio entre muitas delas.

Outra maneira de fazer a escolha é refletir sobre as pessoas que você conhece e que costumam causar uma ótima primeira impressão ou ter um estilo de interagir com os outros que você admira muito. Agora pense em exemplos negativos: pessoas cujo estilo você não quer imitar. Esses modelos positivos e negativos podem lhe oferecer algumas idéias sobre a maneira ideal de se apresentar. Talvez você aspire a se parecer mais com uma pessoa que conheça e menos com outra. Só uma coisa é importante: não se force a ser de forma diferente do que você é essencialmente.

NONO PASSO: IDENTIFICANDO OS OBSTÁCULOS NO CAMINHO DO SEU IDEAL

Olhe suas anotações na coluna dos "pontos fracos" e pense em uma ou duas coisas que impedem que você passe a imagem que gostaria de transmitir. Talvez haja algumas pequenas pistas, detalhes que podem ter vindo à tona durante alguns dos exercícios. Ou talvez seus pontos fracos sejam outros comportamentos que não se encaixam em nenhum quadro anterior.

O importante é identificar o que é significativo *para você*. Pode ser um equívoco ou mal-entendido que você nunca tenha observado, ou uma fraqueza para a qual alguém já o tenha alertado mas à qual você nunca tinha prestado muita atenção. Ou algo em que você já seja bom, mas queira melhorar ainda mais. Por exemplo, você pode ser uma pessoa fácil de se conectar e agradável de convívio, mas gostaria de reagir com mais interesse e empatia ao que as pessoas lhe contam.

Todos nós poderíamos ser um pouquinho melhores naquilo que fazemos. Mas é difícil mudar tudo ao mesmo tempo. Se tentar, pode acabar se frustrando e sentir-se incapaz de mudar qualquer coisa. Portanto, selecione um aspecto da sua lista para desenvolver. Pode ser o que é mais importante para você, pode ser a coisa mais fácil de mudar, pode ser a mais divertida para tentar fazer. A escolha é sua.

CAPÍTULO 12

Resolvendo suas deficiências

Agora que sabe em que áreas pretende melhorar, você pode dar o passo seguinte: aprimorar o seu estilo. A "etapa do aprimoramento" é aquela em que você investe para mudar e crescer. É recompensador, ainda que a princípio possa parecer um pouco desconfortável – mas em que desafio isso não acontece? Se aceitar que faz parte do processo e for em frente, pode se divertir com isso e até começar a se sentir libertado dos seus próprios hábitos.

É difícil mudar nossos hábitos se não soubermos por onde começar. Isso aconteceu com muitos de nossos clientes. No entanto, aprimorar seu estilo é fácil se você seguir nossa estratégia simples. A primeira parte é uma atitude mental – decidir o que mudar e compreender as emoções envolvidas na mudança. A segunda parte é um processo ativo – mudar o que você diz ou faz e observar o seu progresso.

ESTRATÉGIA: PREPARANDO-SE MENTALMENTE PARA A MUDANÇA

Comece com um comportamento

Pela nossa experiência profissional, descobrimos que as pessoas são mais bem-sucedidas se mudam só uma coisa de cada vez. Se tentar mudar muitas coisas ao mesmo tempo, corre um sério risco de fracassar. Se tentar sorrir mais, ajustar sua linguagem corporal, manter-se atento para ver se está falando demais e revelar um pouco mais de si mesmo – tudo ao mesmo tempo –, vai verificar que é impossível.

Escolha um comportamento. Por exemplo, você poderia se concentrar em procurar sorrir mais – até o momento em que sorrir será algo natural que não lhe custará esforço algum. Então poderia voltar sua atenção para melhorar sua linguagem corporal. O importante é *enfrentar apenas um desafio de cada vez.*

Fique de olho nos outros

O processo de aprimoramento será ainda mais fácil se você se preocupar menos com a mecânica do que está querendo mudar e prestar mais atenção em como os outros estão se sentindo. Se está se esforçando para sorrir mais quando encontra as pessoas, fique de olho na resposta que está obtendo. Já que está mudando uma coisa de cada vez, pode verificar de que forma essa mudança específica afeta os outros. A reação deles torna possível você monitorar seu progresso.

Esteja preparado para algum desconforto

É claro que o esforço de fazer algo diferente vai causar alguma tensão. Isso é natural. Seus padrões naturais, positivos ou negativos, são comportamentos a que você já está habituado e com os quais se sente à vontade. Mas esse desconforto é inevitável se você está realmente disposto a mudar. Trata-se de investir no seu futuro. Tentar qualquer coisa nova provocará no começo alguma ansiedade. Mas, como andar de bicicleta, vai se tornando cada vez mais fácil com o tempo e acaba tornando-se natural.

Liberte-se dos seus próprios hábitos

Seu "jeito natural" de ser pode ter origem em situações passadas que já deixaram de existir para você. Você pode ter superado aquela situação, mas continua com o estilo de relação que desenvolveu na época. Quando, por exemplo, você era mais jovem, talvez precisasse provar sua capacidade diante de novos clientes, mostrando que era capaz de ter idéias inteligentes. Isso pode ter sido vital naquele momento. No entanto, apesar de já não precisar provar nada agora, talvez tenha conservado a tendência de se vangloriar a respeito de suas realizações. Ou então, quando estava na faculdade, pode ter procurado compensar sua inexperiência falando demais sobre suas aventuras amorosas. Contudo, suas histórias agora podem soar enfadonhas e infantis, em vez de interessantes.

Muitos dos comportamentos que parecem "naturalmente seus" na verdade foram adotados em algum momento da sua vida como uma reação a acontecimentos e a pessoas que estavam à sua volta. É preciso aprender novas maneiras de interagir e reagir. Você agora é capaz de fazer escolhas que sejam para o seu bem.

A PRÁTICA: PONDO A MÃO NA MASSA

Agora que já se preparou mentalmente, pode mergulhar no processo. Recomendamos que comece imediatamente. Defina um plano e suas metas e monitore seu progresso.

Como diz um provérbio chinês, "a viagem mais longa começa com um único passo". O mesmo vale para a sua jornada de desenvolvimento pessoal. O primeiro passo é o que exige maior esforço, mais coragem, e é onde você encontrará mais dificuldade. Mas cada passo a seguir será mais fácil e exigirá menos esforço.

Se tem receio, comece aos pouquinhos. Tente fazer mudanças com pessoas que não tenham tanta importância para você, como alguém que encontra no ônibus ou um vendedor numa loja. Não faz mal se ficar tenso ou se exagerar para mais ou para menos em alguma coisa. Como acontece quando aprendemos qualquer novo comportamento, é preciso, na prática, enfrentar algumas dificuldades até que tenhamos sucesso e nos sintamos à vontade. Lembre-se: qualquer primeiro encontro com alguém apresenta uma oportunidade para se praticar.

A maior parte das pessoas acha fácil dar pequenos passos e encarar a mudança de modo gradual. Se está tentando, por exemplo, mostrar maior interesse pelos outros, comece fazendo uma única pergunta sobre eles. Ou faça uma pergunta a mais do que costuma fazer normalmente e ouça com mais atenção antes de falar sobre a sua própria experiência.

Algumas pessoas preferem dar passos largos. Se querem demonstrar interesse pelos outros não falam *nada* sobre suas próprias experiências e idéias, concentrando sua atenção apenas na outra pessoa. Se você quiser revelar um pouco mais sobre si mesmo, pode, logo no início da conversa, abrir-se a respeito de algo a que você seja mais sensível. Sempre com muito cuidado para não exagerar e prestando atenção na reação dos outros. Aos poucos você alcançará um equilíbrio que represente o jeito como gostaria de ser visto.

Experimente seus novos truques

Isso é algo realmente importante: *comece já.* Encontre hoje mesmo uma oportunidade de pôr à prova a primeira tentativa de aprimorar seu estilo. Pode ser apenas uma pequena mudança numa relação que ocorreria de qualquer jeito. Ou você também pode criar oportunidades, tomando a iniciativa de puxar conversa ou se apresentar a alguém. À sua volta há muitas oportunidades que podem ser aproveitadas para experimentar seu novo comportamento. Brinque com a caixa da mercearia, sorria para o sujeito do serviço de entregas, puxe conversa com seu vizinho de poltrona durante um vôo ou dê as boas-vindas ao novo colega de escritório.

É vital começar imediatamente. Se ficar esperando pela situação ideal ou por algum primeiro encontro especial, pode acabar nunca tentando nada. Em nosso trabalho, descobrimos que o maior obstáculo ao desenvolvimento pessoal de nossos clientes não é a falta de vontade ou a resistência à mudança, mas uma hesitação na hora de começar.

ACOMPANHANDO SEU PROGRESSO

Estabeleça uma meta

Defina uma meta específica. Mas assegure-se de que seja um objetivo que você tenha certeza de poder atingir. Ter uma meta torna mais fácil se concentrar, e quando atingi-la você pode estabelecer um objetivo mais ambicioso.

Há diferentes tipos de metas. Uma delas poderia ser adotar determinado comportamento até torná-lo natural. Outra seria observar as reações a seus novos comportamentos. Por exemplo, se quiser deixar mais tempo para os outros falarem, poderá escolher uma das metas abaixo:

- Da próxima vez que encontrar uma nova pessoa, vou tentar ficar ouvindo pelo menos 60% do tempo e falar apenas 40%.
- Vou me exercitar para não tentar monopolizar a conversa.
- Vou observar o modo como os outros reagem quando eu falo menos – e ver se eles parecem mais à vontade comigo.

Você poderia usar uma dessas metas, uma variante delas ou uma outra que seja importante para você. Escreva sua meta num papel, tome nota mentalmente, conte para um amigo, faça qualquer coisa que confirme seu compromisso.

Procure se reavaliar

Para monitorar regularmente o progresso que está fazendo, você pode:

- Reler as tabelas de auto-avaliação e verificar se passou a adotar um comportamento de forma mais freqüente.
- Observar como os outros reagem quando você mostra seu novo estilo. Por exemplo, as pessoas sorriem de volta?
- Pedir a um amigo de confiança uma opinião sobre seu novo

comportamento. Está passando uma boa imagem com sua nova atitude ou vem recaindo no velho estilo? Para aproveitar ao máximo essa informação, releia as dicas para se pedir a opinião de alguém no Capítulo 11.

- Verificar se está cumprindo seus compromissos. Por exemplo, está sorrindo com mais facilidade quando encontra alguém que não conhecia?
- Observar seu próprio estado de espírito. Ainda sente constrangimento com seu novo comportamento, ou ele já se tornou natural, algo que não requer esforço?

Se você constatar que está fazendo progressos e atingindo sua meta, pode dar um passo maior na próxima vez.

PASSANDO AO ITEM SEGUINTE

Quando tiver integrado o primeiro item da sua lista ao seu estilo e se sentir à vontade com esse comportamento, pode passar para o seguinte. Existe outro tipo de comportamento que deseja aprimorar? Se for este o caso, repita o processo. Agora que conhece os passos que precisam ser dados e se sente recompensado por seus esforços, você também se sentirá estimulado a desenvolver outro comportamento. Basta se lembrar de concentrar seu foco em apenas um desafio de cada vez, definir metas modestas e adotar as mudanças num ritmo que for apropriado a você.

Capítulo 13

Às vezes acontece: superando uma impressão inicial negativa

Agora você fez todos os exercícios e colocou em prática os seus comportamentos relacionados a uma primeira impressão. Está se sentindo confiante com suas novas habilidades. Então acontece o que costuma acontecer com todo mundo. Alguma coisa dá errado e você causa uma primeira impressão negativa. Talvez tenha se distraído e deixado de contribuir para a conversa como deveria. Ou ficou entusiasmado com um determinado assunto e falou demais sobre ele, ou bebeu um pouco além da conta e sentiu-se tão atraído por alguém que perdeu completamente o controle.

É possível reparar o estrago? A resposta em muitos casos é sim. Mas lembre-se do que foi dito: as pessoas gravam seu comportamento inicial e filtram as demais impressões baseadas nele. Assim você terá que se esforçar duplamente para desfazer uma opinião já formada. O tempo que vai levar para desfazer essa impressão inicial negativa irá depender da situação, do tipo de gafe e das oportunidades para futuros encontros.

Mas há algumas maneiras de se virar o jogo. Vamos ver como superar a gafe inicial e melhorar de modo geral a impressão que causou.

Tomemos o exemplo de Henry e Megan:

Henry e Megan estão sentados um ao lado do outro num jantar. Megan vira-se para Henry e pergunta se ele está gostando da comida. Henry é lento para falar; tosse discretamente limpando a garganta e então comenta que adora sopa de cenoura. Megan pergunta se ele é vegetariano. Henry começa a explicar: "Não, mas eu adoro legumes..." Antes que ele continue, Megan se adianta e corta sua palavra para perguntar de onde ele veio e em que lugar nasceu. A conversa continua neste ritmo até que Henry, sentindo-se num interrogatório e um tanto sufocado, aproveita a primeira oportunidade para puxar conversa com a pessoa sentada diante dele.

Megan passou para Henry a impressão de que era agressiva e invasiva, e ele não gostou da sua companhia. Megan compreendeu que alguma coisa saíra errado, pois Henry parecia estar evitando falar com ela e mais tarde foi embora sem se despedir. Tristemente Megan aceitou o fato de que causara uma primeira impressão negativa. Mas pensou: "O que eu poderia fazer?"

Se algo parecido acontecer com você, recomendamos que, antes de mais nada, reflita sobre a experiência. Pergunte a si mesmo se gostou da forma como se comportou e se essa atitude refletia o seu verdadeiro eu. Se tiver gostado de seu comportamento, pode simplesmente deixar o caso para lá. Ninguém pode agradar a todos e se conectar com todo mundo. E se alguém não gosta do seu estilo, talvez seja porque você não deve ter afinidade com ela.

Por exemplo, talvez Henry não seja o tipo de pessoa com a qual Megan achasse divertido interagir. Neste caso, ela poderia não ter dado muita importância para o fato de não ter existido qualquer sintonia entre Henry e ela.

Mas se Megan se sentiu incomodada com a imagem que transmitiu ou se realmente quisesse muito se conectar com Henry, ela poderia tentar corrigir essa má impressão inicial. Poderia lidar com isso de forma direta, reconhecendo seu deslize antes, durante ou depois de um novo encontro. Ou poderia superar o problema de forma indireta – revelando seu charme e suas qualidades naturais ao longo do tempo ou sendo bem mais generosa em termos sociais no futuro, perguntando menos e ouvindo mais.

ABORDAGENS DIRETAS

Alerta total

Um "alerta total" significa interromper uma impressão negativa antes mesmo de ela começar – é uma abordagem preventiva. Se você sabe que algumas situações o deixam numa posição desconfortável ou fazem com que se comporte de maneira diferente da habitual, você pode explicar com toda sinceridade essa tendência. É como dizer a alguém: "Agüente um pouco porque este não é meu verdadeiro eu." Se sabe, por exemplo, que tende a ser tímido diante de pessoas que acabou de conhecer, ao marcar um primeiro encontro você pode dizer: "É bom você saber que costumo falar pouco quando encontro alguém pela primeira vez." Ou se sabe que costuma ser um pouco tagarela quando está tenso, avise o novo conhecido: "Tive um dia estressante e por isso sou capaz de falar demais. Se isso acontecer, coloque um limite." É claro que nem toda situação admite uma abordagem preventiva. Mas, se for o caso, um alerta desse tipo pode evitar uma impressão inicial negativa.

Pare no ato

Aqui você interrompe uma impressão negativa antes que ela esteja plenamente formada. Se perceber que as coisas estão fugindo ao seu controle, ou que os outros não estão reagindo da forma que você gostaria, tente corrigir imediatamente essa impressão. Se Megan, por exemplo, tivesse consciência de sua tendência a fazer um excesso de perguntas a pessoas que encontrasse pela primeira vez, e se percebesse que estava fazendo isso, poderia ter recuado e dito: "Desculpe a interrupção, o que é que você estava dizendo?" Ela também poderia ter pedido desculpas e dito: "Às vezes faço perguntas demais. Desculpe! Então, você estava dizendo..." Isso teria dado a Megan a oportunidade de mostrar-se a Henry de modo simpático e teria deixado a porta aberta para uma possível impressão positiva.

Após o fato consumado, uma nova chance

Mesmo depois que a relação desandou, você ainda pode consertar as coisas. Uma das maneiras é fazer um pedido direto de desculpas e solicitar uma segunda chance. Mas esta é uma manobra arriscada. Se você tiver poucas probabilidades de reencontrar a pessoa, desista. Se, por exemplo, Henry e Megan fossem apenas convidados numa festa, seria estranho se Megan saísse atrás de Henry para se desculpar, tentar melhorar sua imagem e pedir uma segunda oportunidade.

Contudo, se Megan fosse vê-lo novamente – se fossem colegas de escritório, se tivessem amigos comuns ou morassem um perto do outro –, então essa abordagem ajudaria. Digamos que Henry e Megan sejam novos colegas de trabalho e que é importante para Megan apagar aquela impressão inicial negativa. Ela poderia enviar a Henry uma mensagem curta por e-mail admitindo seu deslize e pedindo desculpas. Poderia dizer, por exemplo: "Gostei de conhecer você. Mas acho que, excitada com o jantar, acabei não deixando você falar. Da próxima vez que a gente se encontrar, prometo me conter. Adoraria saber mais sobre você."

Ainda que esse enfoque de "reparar o fato consumado" possa ser constrangedor, tem também a capacidade de dar um jeito na situação. No caso acima, Megan teria mostrado humildade e capacidade de reconhecer uma falha. Mostraria também interesse em estabelecer um vínculo com Henry, apagando a impressão negativa inicial mais rapidamente do que se não fizesse nada. Às vezes as pessoas reagem de modo mais positivo e se mostram mais condescendentes quando lhes mostramos que temos consciência do impacto que provocamos nelas.

Essas abordagens diretas implicam o reconhecimento da sua gafe, um pedido implícito ou explícito de desculpas e uma promessa de que aquela atitude não reflete o seu comportamento habitual. É claro que esses métodos diretos só funcionarão se você cumprir sua promessa e corrigir seu comportamento da próxima vez. Caso contrário, só vai se afundar cada vez mais.

Se você percebeu que causou algum mal-estar mas não sabe exatamente o que foi, é mais difícil se desculpar. Se não sabe qual foi sua gafe, pode aprender mais sobre si mesmo refletindo sobre os mal-entendidos que costuma provocar ou pedindo a alguém que estava presente para lhe dar sua opinião. Se mesmo assim não se sentir seguro, pode tentar o método de recuperação indireta.

ABORDAGENS INDIRETAS

Quando o tempo dita o ritmo

Quando você causa uma primeira impressão negativa, a princípio os outros passarão a olhá-lo por essa perspectiva. No entanto, com o tempo, os comportamentos positivos que demonstrar naturalmente acabarão por apagar a má impressão inicial que você deixou.

O segredo dessa abordagem é a paciência. Se você tiver oportunidades suficientes e manifestar sua simpatia natural nos encontros seguintes, o prato da balança voltará a pender para o seu lado.

Procure tornar-se mais simpático dando mostras de maior respeito e especial atenção ao novo conhecido. Elogie algumas das características que aprova nele, cuidando para que não pareça uma bajulação barata. E lembre-se dos quatro itens mencionados na Parte I. Reflita se está valorizando a parte ofendida, se está se conectando a ela, se está elevando seu astral e fazendo com que se divirta. Concentre-se em satisfazer suas necessidades sociais. E esforce-se para interagir da melhor maneira possível em futuros encontros.

Se Megan tiver chance para interagir novamente com Henry, ela pode mostrar-lhe que é realmente gentil e interessante, e não uma pessoa que costuma se impor às outras. Pouco a pouco, talvez Henry venha a vê-la sob um ângulo diferente e ela consiga apagar a má impressão inicial que causou.

A generosidade conta a seu favor

Se deseja reparar mais rapidamente o seu erro, tente uma abordagem mais ativa. Aqui o truque é compreender o estilo da pessoa ofendida e adaptar seu estilo ao dela. Do que ela parece gostar mais ao interagir com os outros? Procure compreender suas necessidades e tente satisfazê-las. Se ele ou ela gosta de falar sobre fatos atuais e novas descobertas, reaja ao que ela lhe conta e procure acrescentar outras informações. Se ela gosta de se conectar com alguém, fale mais de si mesmo e chame a sua atenção para o que os dois têm em comum.

Observe a dinâmica do seu interlocutor, seu estilo de manter uma conversa, e tente ficar sintonizado com ele. Se a pessoa fala devagar, fale devagar também, mesmo que este não seja seu ritmo natural. Observe se ela gosta de falar muito ou pouco e procure dar sua contribuição de acordo com esse dado, seja qual for sua inclinação natural a esse respeito. Lembre-se, causar uma boa impressão tem a ver com atender as necessidades dos outros, não as suas próprias necessidades. À medida que for recuperando a confiança da outra pessoa, você pode voltar aos poucos ao seu estilo pessoal e alcançar uma dinâmica mais satisfatória para as duas partes.

Mesmo assim leva tempo. Mas pode tornar suas próximas relações mais tranqüilas e acelerar a recuperação de sua imagem.

Capítulo 14

Julgando os outros

O conhecimento adquirido a respeito das primeiras impressões lhe dá outra vantagem: permite que você julgue os outros de maneira mais justa. Como observamos nas Partes I e II, primeiras impressões podem às vezes não corresponder ao que a pessoa é realmente. É comum as pessoas não se sentirem à vontade ao encontrar alguém pela primeira vez, e esse constrangimento pode se manifestar em atitudes não necessariamente típicas do seu comportamento geral. Você já chegou a ficar amigo de alguém que no começo lhe deixou uma impressão negativa? É possível que não. Normalmente não procuramos a companhia dos que nos causaram uma má impressão inicial. Pode ser que jamais voltemos a manter contato com essa pessoa, a não ser que sejamos obrigados a fazer isso, se ela for um colega de trabalho ou um vizinho, por exemplo.

Quantas pessoas você já julgou de maneira errada, ou até rejeitou, antes de ter uma chance de conhecer sua verdadeira personalidade e todos os seus aspectos positivos? Se você compreendeu bem o que acontece nas primeiras impressões, entenderá melhor o que os outros estão tentando comunicar num primeiro encontro.

O que você aprendeu neste livro pode também ajudá-lo a mudar o tom de uma relação, deixando seu interlocutor mais à vontade e extraindo dele o que tem de melhor. Pode transformar uma situação tediosa e frustrante num encontro mutuamente satisfatório. E pode abrir futuras experiências positivas.

ENGENHARIA REVERSA

Sempre leve em conta as intenções das pessoas. As percepções resumidas na Parte II representam maneiras típicas pelas quais cada pessoa processa informações sobre comportamentos dos outros. Por exemplo, pessoas que num primeiro encontro se abrem e revelam seus pontos vulneráveis podem passar a imagem de pessoas confiantes. As que falam detalhadamente sobre si mesmas podem ser vistas como egocêntricas. No entanto, talvez essas percepções não representem a verdadeira natureza dessas pessoas. Mas se nos próximos encontros elas continuam a exibir as mesmas atitudes, temos mais razões para acreditar que essas características realmente fazem parte de suas personalidades.

Mas não dá para fazer esse diagnóstico logo no primeiro encontro com alguém! Ainda não houve oportunidade de perceber um padrão de comportamento. E primeiros encontros muitas vezes trazem à tona atitudes que não são típicas da pessoa. Por isso vale a pena refletir mais sobre suas possíveis intenções e atitudes e dar-lhe o benefício da dúvida.

Você pode descobrir que aspectos que o incomodaram eram na verdade sinais de interesse e assim superar alguns juízos equivocados que se apressou em fazer. Por exemplo, se alguém, num primeiro encontro, começa a partilhar com você uma porção de informações de natureza pessoal e íntima, você pode a princípio pensar que a pessoa é carente e egocêntrica. Mas se usar o que aprendeu sobre primeiras impressões, talvez descubra que a pessoa está na realidade lhe dizendo que se sente à vontade na sua presença, que deseja ser aberta e franca e pretende criar um vínculo mais estreito com você. Se alguém não se inclina para ouvi-lo e não sorri, você pode pensar que ele é arrogante ou desinteressado, quando na realidade pode ser tímido e inseguro nos primeiros encontros. Na tabela a seguir destacamos possíveis boas intenções em alguns comportamentos que a princípio parecem pouco simpáticos.

O que outros podem fazer	*Como você pode vê-los*	*O que eles pretendem*
Oferecer informações para impressionar	Egocêntricos, com necessidade de auto-afirmação	Mostrar interesse por você, querer que goste deles
Falar longamente sobre um assunto que conhecem bem	Metidos a importante, chatos	Parecer interessantes aos seus olhos, informar e distrair você
Responder detalhadamente	Autocentrados, tediosos, insensíveis	Mostrar o entusiasmo deles, seu compromisso com a vida
Esperar que você se apresente	Distantes, passivos, constrangidos, desinteressados	Parecer neutros, não querer se impor
Não sorrir	Desinteressados, com um astral negativo	Naturais, atentos
Falar mais alto do que os outros	Pretensiosos, vaidosos, agressivos	Confiantes, divertidos, interessantes
Relutar em dar a palavra	Difíceis de se conectar, autocentrados	Interessantes, informativos

O OUTRO LADO DO FILTRO: CONHEÇA SEUS PRECONCEITOS

Lembra-se do filtro da primeira impressão que descrevemos na Parte I? Eis como você forma uma imagem dos outros:

1. Você parte de uma informação inicial sobre as pessoas – repara na sua linguagem corporal, no que elas falam e na maneira como reagem.
2. Com base nessa informação inicial, você forma uma impressão a respeito delas – faz suposições sobre o que são e como irão se comportar no futuro.

3. Você passa a vê-las através desse filtro. Como acontece com todo mundo, você acredita ser um bom juiz quando se trata de avaliar a personalidade das pessoas. Nos próximos encontros você procura informações que se ajustem à sua primeira impressão e não presta muita atenção ou até ignora atitudes que não se encaixam nela.

Alguns erros comuns

Todos nós cometemos alguns erros bastante comuns ao filtrarmos informações sobre os outros. Se você tiver consciência desses erros, estará numa posição melhor para minimizá-los.

Cometemos *o erro fundamental de generalização* quando achamos que um comportamento específico de uma pessoa define toda a sua personalidade, em vez de atribuí-lo a uma situação particular. Para corrigir isso, tente se lembrar de como as situações desempenham papel importante no modo como as pessoas se comportam e se sentem. Procure na situação ou ambiente em que se encontraram um motivo que possa ter provocado aquela atitude. Se alguém que você conhece no seu local de trabalho mostra-se distante ou pouco amistoso, antes de rotulá-lo pense que talvez ele ou ela tenha recebido alguma notícia ruim ou acabado de levar uma bronca do chefe. Se uma pessoa sentada ao seu lado durante um jantar parece meio reservada, antes de defini-la como metida a besta, imagine que ela pode estar preocupada com algo que acabaram de lhe dizer ou que não está se sentindo bem. Você também pode assumir um papel mais ativo e perguntar-lhe como ela vai ou como foi o seu dia – e aí talvez descubra o que está por trás daquele ar pouco amistoso.

Outro preconceito que se cria é o que ocorre quando acreditamos que certos comportamentos e características estão ligados entre si. Se você observa, por exemplo, alguém assumir uma atitude descortês, pode deduzir logo que se trata de uma pessoa autocentrada, mal-educada e grosseira, mesmo que a esteja vendo pela primeira vez. Essa pessoa talvez tenha de vez em quando maneiras desastradas, mas pode ser ao mesmo tempo gentil, inteligente e generosa. Lembre sempre disso quando tiver a tendência de rotular alguém como "totalmente bom" ou "totalmente mau". Não existe ninguém que seja *totalmente* coisa alguma. Uns mais, outros menos, somos todos ambíguos e contraditórios.

Seus preconceitos pessoais

Embora a tendência a rotular os outros seja comum à maioria das pessoas, todos nós temos certas preferências e passamos por determinadas experiências que nos levam a ter preconceitos e percepções peculiares.

Meu próprio estereótipo: ela me lembra alguém que conheci

As pessoas vivem experiências que influenciam sua maneira de ver as coisas. Da mesma forma que podemos odiar ou adorar o nome "Claudia" ou "Brian" por causa de alguma experiência que tivemos com pessoas com esses nomes, também temos "estereótipos pessoais" associados a certos tipos de comportamento. Você pode intuir, por exemplo, que pessoas que têm um determinado sotaque, como um antigo chefe seu tinha, costumam ser más; que pessoas com um sorriso igual ao da sua avó são adoráveis; que pessoas triunfalistas, como sua detestável cunhada, são pretensiosas; que pessoas que o interrompem, como fazia sua ex-namorada, são autoritárias – quando isso não é necessariamente verdade.

Certos comportamentos podem deflagrar toda uma série de lembranças e suposições que estão mais relacionadas com a pessoa que você conheceu no passado do que com a que acaba de encontrar. Ainda que você não possa se livrar completamente de todos esses preconceitos, pode se dar conta do que os provoca. Se percebe que está alimentando uma forte reação contra alguém, pergunte a si mesmo se aquela pessoa lhe lembra alguma outra que conheceu no passado. Então pode tentar dissociar seus sentimentos em relação à nova pessoa dos seus "estereótipos pessoais".

O alvo mais próximo: ele me faz lembrar... de mim

Algumas coisas que as pessoas fazem podem disparar um sinal de alerta dentro de nós relacionado a algo a que sejamos especialmente sensíveis. Esta sensibilidade pode influenciar nossos julgamentos e ações, ou pode ser superada. Muitas vezes reagimos intensamente a pessoas nos fazem reviver um sentimento que não resolvemos bem dentro de nós. Por exemplo, você pode sentir algum ressentimento em relação a alguém que é especialmente bem-sucedido no campo da música se no passado você aspirou a ser músico, mas nunca chegou a realizar esse sonho. Ou pode sentir um impulso para julgar severamente pessoas que manifestam uma fraqueza que você já superou, mas que ainda o incomoda.

Você pode vencer esse preconceito se prestar atenção às reações que têm origem numa questão pessoal sua. Se tomar consciência de que tem algo em comum com aquela pessoa, pode ser capaz de transformar uma reação negativa numa positiva.

ENGANADO PELA SUA PRÓPRIA DISTRAÇÃO

Pesquisadores descobriram que a mera falta de atenção pode dar margem a mal-entendidos. As descobertas indicaram que entrevistadores muito distraídos e com dificuldade para se concentrar nas pessoas com quem estavam falando revelavam-se preconceituosos no seu julgamento. Eles faziam perguntas que atendiam falsas expectativas que lhes tinham sido sugeridas antes da entrevista. Isso ocorreu a despeito da intenção e do esforço dos entrevistadores para se mostrarem isentos.

O que isso tem a ver com você? Se você é uma pessoa distraída e com dificuldade de concentração, tem maiores chances de ver as outras pessoas à luz de um certo preconceito. Se sua mente está limpa e clara, é provável que enxergue os outros de modo mais preciso. Procure ser mais compreensivo ou condescendente com aqueles que encontrou quando estava muito preocupado ou distraído.

ALTERANDO O CURSO

Quando encontrar uma pessoa que você ache desagradável, tente mudar o tom da relação. Se você procurar conduzir a conversa mostrando simpatia, em vez de imitar o tom rabugento ou arrogante de seu interlocutor, pode vir a levantar o astral dele e travar uma conversa divertida. Se fizer com que a pessoa se sinta à vontade e compreendida, ela pode corresponder à sua atenção.

Você também pode transformar uma relação neutra numa positiva, tomando a iniciativa de mudá-la. Se, por exemplo, ficar entediado ao ouvir alguém contando uma história interminável, pare de fazer perguntas. Veja se ele muda de assunto. Se a pessoa com quem está conversando não lhe faz qualquer pergunta, conte alguma coisa interessante e veja que rumo as coisas tomam a partir daí. Se percebe que o interlocutor está muito ansioso, em vez de se deixar contagiar, tente usar um pouco de humor para desanuviar a tensão. Ou mude de assunto para outro que ambos considerem mais relaxante.

DEIXANDO O RANCOR DE LADO

Apesar dos seus cuidados a respeito das primeiras impressões, é inevitável que algumas pessoas lhe deixem uma impressão negativa. Talvez algum novo colega de trabalho conte vantagem num tom irritante, falando como acabou de comprar um jipe caríssimo, e você o rotule logo de idiota. Mais tarde ele pode se comportar de maneira mais agradável – perguntando sobre sua família, elogiando-o pelo seu trabalho, abrindo-se com você e revelando alguns de seus pontos vulneráveis. Mas, como dissemos, pode levar um tempo até que ele apague a primeira má impressão que deixou. Como você ainda está pensando no momento em que ele se vangloriou a respeito do jipe, talvez não se mostre aberto às qualidades dele.

Mas apegar-se a uma primeira impressão negativa é como agarrar-se a um sentimento rancoroso. Significa recusar-se a ver o verdadeiro valor daquela pessoa e não ceder no seu ponto de vista por puro orgulho ou teimosia. Se você considerar a primeira impressão que tem de alguém não como uma convicção definitiva, mas como um ponto de partida para compreender as pessoas, passará a vê-las de forma mais justa.

Outra maneira de relativizar a primeira impressão é lembrar-se de que a pessoa tem uma vida inteira a respeito da qual você não conhece nada e que provavelmente possui aspectos interessantes a serem descobertos.

Suspender nosso impulso para julgar os outros não é fácil, mas pode ser feito. Trata-se de não deixar que sentimentos imediatos façam com que você bata a porta na cara de alguém. Se por causa de uma primeira impressão negativa você não mais se interessar pela pessoa, pode perder a oportunidade de relacionar-se ou mesmo estabelecer um vínculo de amizade que enriquecerá a sua vida.

Conclusão

Cada vez que seus caminhos se cruzam com os de alguém, você produz algum efeito sobre ele ou ela. E também é afetado pelas pessoas que encontra. Você tem o poder de fazer dessa influência uma experiência positiva, negativa ou até mesmo algo capaz de mudar sua vida. É uma escolha sua.

Cheguei à assustadora conclusão de que eu sou o elemento decisivo. É a minha maneira pessoal de abordar alguém que cria a atmosfera. É o meu estado de espírito de cada dia que define o clima. Detenho um tremendo poder para transformar a vida em alegria ou em sofrimento. Posso ser um instrumento de tortura ou um instrumento de inspiração, posso humilhar ou divertir, ferir ou curar. Em todas as situações, é a minha resposta que define se uma crise vai ser agravada ou esvaziada e se uma pessoa será humanizada ou desumanizada.

– Goethe

Referências bibliográficas

CAPÍTULO 4. Abrindo a porta: ser acessível

Quanto mais quente melhor

GIFFORD, R. "A Lens-Mapping Framework for Understanding the Encoding and Decoding of Interpersonal Dispositions in Nonverbal Behavior" [Uma estrutura de mapeamento para a compreensão da codificação e decodificação das disposições interpessoais no comportamento não-verbal]. *Journal of Personality and Social Psychology*, 66, n. 2, 1994: 398-412.

A ilusão dos refletores

GILOVICH, T., MEDVEC, V. H. e SAVITSKY, K. "The Spotlight Effect in Social Judgment: An Egocentric Bias in Estimates of the Salience of One's Own Actions and Appearance" [O efeito do refletor no julgamento social: Uma percepção egocêntrica na avaliação das nossas próprias ações e aparência]. *Journal of Personality and Social Psychology*, 78, n. 2 (2000): 211-222.

Velocidade e distorção na expressão das emoções

AMBADY, N. e ROSENTHAL, R. "Thin Slices of Expressive Behavior as Predictors of Interpersonal Consequences" [Pequenas amostras de comportamento enquanto fator de previsão de conseqüências interpessoais]. *Psychological Bulletin*, 111, n. 2 (1992): 256-274.

O ovo ou a galinha?

STRACK, F., MARTIN, L. L. e STEPPER, S. "Inhibiting and Facilitating Conditions of the Human Smile: A Non-Obtrusive Test of the Facial Avaliação Hypothesis" [Inibindo e estimulando condições para o sorriso humano: um teste da hipótese de avaliação facial]. *Journal of Personality and Social Psychology*, 54, n. 5 (1998): 768-777.

As mensagens do aperto de mão

CHAPLIN, W. F., PHILLIPS, J. B., BROWN, J. D., CLANTON N. R. e STEIN, J. L. "Handshaking, Gender, Personality e First Impressions" [Aperto de mão, gênero, personalidade e primeiras impressões]. *Journal of Personality and Social Psychology*, 19, n. 4 (2000): 110-117.

CAPÍTULO 5. Chega de falar de mim: demonstrando interesse

Olhares evasivos

BURGOON, J. K., COKER, D. e COKER, R. A. "Communicative Effects of Gaze Behavior: A Test of Two Contrasting Explanations" [Efeitos comunicativos do comportamento do olhar: um teste de duas explicações contraditórias]. *Human Communications Research*, 12, n. 4 (1986): 495-524.

Ouvindo seu interlocutor

KLEINKE, C. L. e TAYLOR, C. "Evaluation of Oposite-Sex Person as a Function of Gazing, Smiling and Forward Lean" [Avaliação do sexo oposto como um objetivo dos atos de olhar, sorrir e se inclinar para a frente]. *Journal of Social Psychology*, 131, n. 3 (1990): 451-453.

Mais a meu respeito: narcisismo na conversa

VANGELISTI, A. L., KNAPP, M. L. e DALY, J. A. "Conversational Narcisism" [Narcisismo conversacional]. *Communication Monographs*, 57 (1990): 251-274.

A adulação vai levar você longe

VONK, R. "Self-Serving Interpretations of Flattery: Why Ingratiation Works" [Interpretações autobenevolentes da bajulação: por que a adulação funciona]. *Journal of Personality and Social Psychology*, 82, n. 4 (2002): 515-526.

"Puxar o saco" no trabalho

GORDON, R. A. "Impact of Ingratiation on Judgments and Evaluations: A Meta-Analytic Investigation" [O impacto do esforço para agradar sobre as avaliações e julgamentos: uma investigação meta-analítica]. *Journal of Personality and Social Psychology*, 71, n. 1 (1996): 54-70.

Capítulo 6. Mudando de assunto: o tema das primeiras conversas

Atitudes que atraem simpatia

Condon, J. W. e Crano, W. D. "Inferred Evaluation and the Relation between Attitude Similarity and Interpersonal Attraction" [Avaliação inferida e a relação entre semelhança de atitudes e atração interpessoal]. *Journal of Personality and Social Psychology*, 54, n. 5 (1988): 789-797.

Chatice: uma receita

Leary, M. A., Rogers, P. A., Canfield, R. W. e Coe, C. "Boredom in Interpersonal Encounters: Antecedents and Social Implications" [Tédio nos encontros interpessoais: antecedentes e implicações sociais]. *Journal of Personality and Social Psychology*, 52, n. 5 (1986): 968-975.

Segredos de conversadores experientes

Douglas, W. "Initial Interaction Scripts: When Knowing Is Behaving" [Roteiros de relações iniciais: quando saber é se comportar]. *Human Communication Research*, 11, n. 2 (1984): 203-219.

Capítulo 7. Mostrando suas cartas: a auto-revelação

Partilhar e simpatizar

Collins, N. L. e Miller, L. C. "Self-Disclosure and Liking: A Meta-Analytic Review" [Auto-revelação e simpatia: uma avaliação meta-analítica]. *Psychological Bulletin*, 116, n. 3 (1994): 454-475.

Meu amigo certa vez esteve com a Madonna

Cialdini, R. B. e Nicholas, M. E. "Self-Presentation by Association" [Auto-apresentação pela associação]. *Journal of Personality and Social Psychology*, 57, n. 4 (1989): 626-631.

Respeito ou relacionamento

Shaeffer, D. R. e Ogden, J. K. "On Sex Differences in Self-Disclosure During the Acquaintance Process: The Role of Anticipated Future Interactions" [Sobre as diferenças entre os sexos na auto-revelação durante o processo de apresentação: o papel dos futuros relacionamentos antecipados]. *Journal of Personality and Social Psychology*, 52, n. 5 (1986): 968-975.

TANNEN, D. *Você simplesmente não me entende: o difícil diálogo entre homens e mulheres*. São Paulo: Best Seller, 1992.

Outra receita de chatice

LEARY, M. A., ROGERS, P. A., CANFIELD, R. W. e COE, C. "Boredom in Interpersonal Encounters: Antecedents and Social Implications" [Tédio em encontros interpessoais: antecedentes e implicações sociais]. *Journal of Personality and Social Psychology*, 52, n. 5 (1986): 968-975.

CAPÍTULO 8. Pegou o ritmo? A dinâmica da conversa

Gosto do jeito como você se mexe

RIGGIO, R. E. e FRIEDMAN, H. S. "Impression Formation: The Role of Expressive Behavior" [Formação de impressão: o papel do comportamento expressivo]. *Journal of Personality and Social Psychology*, 50, n. 2 (1986): 421-427.

No meu ritmo

FELDSTEIN, S., DOHM, F. A. e CROWN, C. L. "Gender and Speech Rate in The Perception of Competence and Social Attractiveness" [Gênero e discurso na percepção da competência e atração social]. *Journal of Personality and Social Psychology*, 141, n. 6 (2001): 785-806.

Harmonizando os corpos

CAPPELLA, J. N. "Behavioral and Judged Coordination in Adult Informal Social Interactions: Vocal and Kinetic Indicators" [Coordenação comportamental e de avaliação em relações sociais adultas: indicadores cinéticos e vocais]. *Journal of Personality and Social Psychology*, 72, n. 1 (1997): 119-131.

CHARTRAND, T. L. e BARGH, J. A. "The Chamaleon Effect: The Perception-Behavior Link and Social Interaction" [O efeito camaleão: o vínculo entre percepção e comportamento e a relação social].

Journal of Personality and Social Psychology, 76, n. 6 (1999): 893-910.

Os que interrompem: amigos ou inimigos?

CHAMBLISS, C. A. e FEENY, N. "Effects of Sex of Subject, Sex of Interrupter, and Topic Conversation on the Perception of Interruptions" [Efeitos da influência do gênero quanto a assuntos, sexo daquele que interrompe e de temas de conversa]. *Perceptual and Motor Skills*, 75 (1992): 1.235-1.241.

CAPÍTULO 9. Como você vê o mundo: seu ponto de vista

O seu corpo e o seu status

LEFFLER, A., GILLESPIE, D. L. e CONATY, J. C. "The Effects of Status Differentiation on Nonverbal Behavior" [Efeitos da diferenciação de status no comportamento não-verbal]. *Social Psychological Quarterly*, 45, n. 3 (1982): 153-161.

A influência invisível

VORAUER J. D. e MILLER, D. T. "Failure to Recognize the Effect of Implicit Social Influence on the Presentation of Self" [Incapacidade de reconhecer o efeito da influência social implícita na auto-apresentação]. *Journal of Personality and Social Psychology*, 73, n. 2 (1997): 281-295.

Grudando em você

SKOWRONSKI, J. J., CARLSTON, D. E., MAE, L. e CRAWFORD, M. T. "Spontaneous Trait Transference: Communicators Take on the Qualities They Describe in Others" [Transferência espontânea de características: comunicadores assumem as qualidades que descrevem nos outros]. *Journal of Personality and Social Psychology*, 74, n. 4 (1998): 837-848.

CAPÍTULO 10. Aprendendo a se expressar: as sutilezas do sex appeal

Com quantos olhares se conquista um homem?

WALSH, D. G. e HEWITT, J. "Giving Men the Come-on: Effect of Eye Contact and Smiling in a Bar Environment" [Atraindo os homens:

efeito do contato visual e do sorriso no ambiente de um bar]. *Perceptual and Motor Skills*, 61 (1985): 873-874.

Um assunto delicado

FISHER, J. D., RYTTING, M. e HESLIN, R. "Hands Touching Hands: Affective and Evaluative Effects of Interpersonal Touch" [Mãos que tocam em mãos: efeitos afetivos e de avaliação do toque interpessoal]. *Sociometry*, 39 (1975): 416-421.

PAUSELL, S. e GOLDMAN, M. "The Effect of Touching Different Body Areas on Prosocial Behavior" [O efeito do toque em diferentes áreas do corpo sobre o comportamento sociável]. *Journal of Social Psychology*, 122 (1984): 269-273.

Aquilo em que você acredita pode se tornar realidade

CURTIS, R. C. e MILLER, K. "Believing Another Likes or Dislikes You: Behaviors Making the Beliefs Come True" [Acreditando que alguém gosta ou não de você: comportamentos que tornam suas crenças realidade]. *Journal of Personality and Social Psychology*, 51, n. 2 (1986): 284-290.

Charme x Beleza

FRIEDMAN, H. S., RIGGIO, R. E. e CASELLA, D. F. "Nonverbal Skill, Personal Charisma and Initial Attraction" [Habilidades não-verbais, carisma pessoal e atração inicial]. *Personality and Social Psychology Bulletin*, 14, n. 1 (1988): 203-211.

Mais duro ou mais suave?

GREEN, B. L. e KENRICK, D. T. "The Attractiveness of Gender-Typed Traits at Different Relationship Levels: Androgynous Characteristics May Be Desirable After All" [A atração exercida por características associadas ao gênero em diferentes níveis de relacionamento: traços andróginos podem afinal ser desejáveis]. *Personality and Social Psychology Bulletin*, 20, n. 3 (1994): 244-253.

Capítulo 14. Julgando os outros

Enganado pela sua própria distração

BIESANZ, J. C, NEUBERG, S. L., SMITH, D. M., ASHER, T. e JUDICE, T. N. "When Accuracy-Motivated Perceivers Fail: Limited Attention Resources and the Reemerging Self-Fulfilling Prophecy" [Quando observadores desatentos falham: atenção limitada e a profecia que se concretiza]. *Personality and Social Psychology Bulletin*, 20, n. 5 (2001): 621-629.

Sobre as autoras

ANN DEMARAIS, Ph.D., e VALERIE WHITE, Ph.D., são as fundadoras da First Impressions, Inc., uma empresa de consultoria sui generis que ajuda seus clientes a compreender como são percebidos em primeiros encontros e em situações sociais. Também prestam consultoria a administradores de corporações incluídas entre as 100 maiores da revista *Fortune*, ensinando técnicas de liderança e dando conselhos na área de comunicação. O trabalho da First Impressions, Inc. tem sido tema de reportagens em jornais e revistas em todo o mundo e em emissoras de rádio e TV como NPR, BBC, Public Radio International, 20/20, CBS e outras. As autoras moram em Nova York. Os interessados podem saber mais no site www.firstimpressions.com

Conheça os 25 clássicos da Editora Sextante

Um dia daqueles, *Querida mamãe* e *O sentido da vida*, de Bradley Trevor Greive

Você é insubstituível, *Pais brilhantes, professores fascinantes* e *Dez leis para ser feliz*, de Augusto Cury

O Código Da Vinci, de Dan Brown

Palavras de sabedoria, *O caminho da tranqüilidade* e *Uma ética para o novo milênio*, do Dalai-Lama

Os 100 segredos das pessoas felizes, *Os 100 segredos das pessoas de sucesso* e *Os 100 segredos dos bons relacionamentos*, de David Niven

Por que os homens fazem sexo e as mulheres fazem amor, de Allan e Barbara Pease

Não leve a vida tão a sério, de Hugh Prather

Enquanto o amor não vem, de Iyanla Vanzant

A última grande lição, de Mitch Albom

A Dieta de South Beach, de Arthur Agatston

Histórias para aquecer o coração, de Mark V. Hansen e Jack Canfield

A divina sabedoria dos mestres e *Só o amor é real*, de Brian Weiss

O ócio criativo, de Domenico De Masi

Em busca da espiritualidade, de James Van Praagh

A vida é bela, de Dominique Glocheux

O outro lado da vida, de Sylvia Browne

INFORMAÇÕES SOBRE OS PRÓXIMOS LANÇAMENTOS

Para receber informações sobre os lançamentos da EDITORA SEXTANTE, basta enviar um e-mail para atendimento@esextante.com.br ou cadastrar-se diretamente no site www.sextante.com.br

Para saber mais sobre nossos títulos e autores, e enviar seus comentários sobre este livro, visite o nosso site: www.sextante.com.br

EDITORA SEXTANTE
Rua Voluntários da Pátria, 45 / 1.404 – Botafogo
Rio de Janeiro – RJ – 22270-000 – Brasil
Telefone: (21) 2286-9944 – Fax: (21) 2286-9244
E-mail: atendimento@esextante.com.br